Winter

Die Mutter und die Tochter

Eine Ballerina im Herbst

Eine Ballerina im Frühling

Die ganze Welt ist da. Ob ich sie sehen will oder nicht.

Sigruns schwarze Welle - Ahnenzeit- Wurzelzeit

Hexenkräuterabend – wir rühren Salben für die dunkle Zeit !!!!

Welle

Gesang der Liebe als sie geboren war

Nun zu den Männern und Vätern und Söhnen

Alles ist bereits da.

Solve und hier beginnt: Coagula

1, 2, 3, 4 … 10

Die einen machen NLP und ich knutsche Maultiere.

Platz für Geschenkideen

Winter

Heute haben wir den 21. Oktober 2016. Fredy Scheuer hat Geburtstag, wenn ich mich recht erinnere.

Bald kommt der Winter.
Im Winter friert alles ein und ruht.
Eichhörnchen haben vorgesorgt und Nüsse versteckt.
Auch Menschen haben den Sommer und den Herbst über konserviert.

Im Winter rücken die Einzelnen näher zusammen. Jeder für sich. Jede Familie für sich. Im Haus. Mehr in den Kirchen als sonst.

In zehn Tagen kommt der „All Hallows´ Eve", der evening before All Hallows´: Halloween. Wir sind schon zum Kürbisschnitzen und Kürbissuppe essen verabredet. Werden „alle" da sein?
Bevor alle Heiligen kommen, kommen noch einmal alle Schrecken und Geister hervor und nehmen sich ihren Raum.
Danach werden die Toten geehrt.
Wird für Ruhe und Frieden ein Licht angezündet.

Erst recht im Winter sollte die Frau den Herd und die Stube warm halten. Sie sollte das Feuer nicht ausgehen lassen. Ein Licht anlassen.

Die Mutter und die Tochter

<u>Ich übersetze „Mother" von Tori Amos so</u>

Mutter

Geh´, geh´, geh´nun aus dem Nest,
es ist Zeit dafür.
Geh´, geh´, geh´nun
Meine kleine Akrobatin ohne Sicherheitsnetz
Hier, hier und jetzt.
Weine nicht.
(Es ist Zeit und wir haben Zeit. Ich nehme mir Zeit.)
Du hast deine Hand erhoben und gezeigt, dass du bereit bist.
Hast mit jenen Seidenbändern deinen Helm befestigt.
Sei ein guter Soldat.
Erst meinen linken Fuß
dann meinen rechten, genau hintereinander. (Der Soldat soll vorwärts marschieren.
Dies hier erinnert eher an Ballett.)
Mit einer Seidenstrumpfhose renne ich in die Kälte.

Mutter, das Auto ist hier.
Kann jemand ein Licht anlassen?
Ein schwarzer Streitwagen für die Rothaarige
Das tanzende, tanzende Mädchen
Und wenn ich dann für ihn tanze
Kann dann jemand bitte ein Licht anlassen?
Nur für den Fall....
Ich mag das Tanzen
Ich kann mich erinnern, wo ich herkomme

Ich kam hinein in deinen Traum
Und ich habe vergessen, meinen eigenen Traum zu träumen
Du bist ein cleveres Mädchen, oder nicht?
Bräute in Schleiern für dich
Wir haben dir all unsere Gemeimnisse offenbahrt
Alle bis auf eines
Also versuche es nichteinmal
Der Anschluss wurde gekappt
Gerade tropft Blut
Und mit der Zeit
Und mit deinem Hinweis
Vergiftest du mich gegenüber dem Mond

Mutter, das Auto ist hier.

Kann jemand ein Licht anlassen?
Ein schwarzer Streitwagen für die Rothaarige
Das tanzende, tanzende Mädchen
Und wenn ich dann für ihn tanze
Kann dann jemand bitte ein Licht anlassen?
Nur für den Fall....
Ich mag das Tanzen
Ich kann mich erinnern, wo ich herkomme   (Und ich finde zurück, wie Hänsel und
Gretel)

Ich fliehe in deine Flucht
Mitten hinein in unsere Gemeinsame Angst-Flucht
Ich sehe es am ganzen Himmel
Und es ist tief in meinem Herzen
Und ich kreuze meine Beine
Oh mein Gott
Erst meinen linken,
dann meinen rechten, immer schön hintereinander
Die Brotkrumen sind unter dem Schnee verschwunden

Mutter
Mutter
Mutter, das Auto ist hier
Kann bitte JEMAND das Licht anlassen?
Nur für den Fall, dass ich das Tanzen mag.
Mutter

Naja, auch wenn ich mit Zeit und Wärme übersetze wird wohl durchschimmern, dass
es hier nicht ganz stimmig läuft... Die Ballerina soll ein Soldat sein. Sie geht nicht
vorwärts in die Welt, sie geht rückwärts. Regressive Entwicklung.

Sie ist nicht ausgestattet worden für die Welt. Sie steht mit ihrer Seidenstrumphose
und friert. Nein, sie steht nicht, sie rennt.

Das Auto ist da und holt sie ab. Sie will doch gar nicht. Sie weint.
„Du brauchst nicht zu weinen." Das ist eine ziemlich bescheuerte Aussage. Sie weint,
also braucht sie wohl das Weinen. Das Weinen hat seinen Grund und seine
Berechtigung.
Sie braucht nicht das Nichtweinen, sondern sie braucht Trost, Wärme, Ausstattung
und Bestärkung. Eine liebevolle Hand.

<u>Rechter Fuß, linker Fuß – rechte Hand und linke Hand</u>

Nur ganz kurz: „Die betroffenen Patienten haben keine oder nur sehr wenig Kontrolle über eine Hand, die sogenannte *Alien Hand*. Sie empfinden diese Hand als fremd und nicht zu ihrem Körper gehörend. Diese Hand arbeitet häufig gegen die andere. Das kann beispielsweise dazu führen, dass der betroffene Mensch mit der rechten Hand etwas essen will und seine linke Hand ihn daran hindert, oder im Extremfall versucht ihn zu erwürgen." (Wikipedia: https://de.wikipedia.org/wiki/Alien-Hand-Syndrom)
Mehr über Hände in „Führen und Folgen".

<u>Der Tanz</u>
Kann Einzelausdruck sein, kunstvoll, ästhetisch, hingabevoll, interpretierend, transportierend wie im Ballett oder Ausdruckstanz.
Zum Tanzen gehört oft Disziplin, wie auch beim Soldaten.
Es gibt Barbie´s verzauberte Ballettschuhe, rote Ballettschuhe...
Es gibt Tanzen im Rotlicht.
Tanzen kann auch Paaraktivität sein: Walzer, Tango...
Und auch der Derwisch tanzt. Er dreht sich schnell und verliert sich und findet so doch zu Gott und sich selbst.

Auch dieses Buch hier dreht sich... langsamer... auch eine Spirale. Kinder lieben Wiederholungen. Wiederholungen helfen beim Lernen, beim Verstehen, beim Integrieren... Immer wieder dreht man sich in der Entwicklung im Kreis oder in einer Spirale und kommt immer wieder zu den (Lebens-) Aufgaben, die wichtig sind. Gut, wenn man unterwegs wieder neue Kenntnisse erwerben und neue Handlungswege einüben konnte... dann steht man der Aufgabe beim nächsten Wiederantreffen gestärkter gegenüber und kann sie umso schneller auflösen.

Leider (?) wahr: Begibt man sich nicht auf den Weg neuer Erkenntnisse, Forschungen, Experimente, Praktischer Einübung, tauchen die Themen trotzdem – teils sehr unvorhergesehen - wieder auf... Die Vergangenheit holt einen ein...

Eine Ballerina im Herbst

Seit zwei Monaten steht die wundervolle Tien aus Berlin wieder an der Ballettstange
bei einem wundervollen Meister.
Seitdem, sagt sie, ist sie wieder stabil.
Tien ist im August 54 geworden.

Sie öffnet sich und reflektiert:
„hm… dann sag mir… was wär´ dir wichtig, dass ich dazu schreibe?
…Gern kannst du aber auch schreiben was du magst über mich…
bin schon gespannt… ich hab ´ne Erinnerung daran, die mich immer lächeln lässt, im
Endeffekt…
schon damals dachte ich… tz jetzt fährste hier wie so ´ne Berufsjugendliche durchs
Land… eigentlich bist dafür doch längst zu alt…. grübel…..
Heute denke ich: Alter ist kein Hindernis für nix…
ich bin glücklich, Dich und Euch da treffen zu dürfen…,
ich war begeistert, wär´ am liebsten gleich geblieben…
denn in Berlin war es ja zu der Zeit nicht so schön für mich…
wahrscheinlich suchte ich nach einer neuen Familie, hatte Angst, alleine zu sein…

Ich musste begreifen, das die bisherige Sicht und der Umgang mit alternativen
Lebensstrukturen, wie ich das kennengelernt hatte… am Sterben war…"
(Tien Böll aus Berlin über ihre
Reise zum Bildungs- und Begegnungsraum am ehemaligen Gesundheitshaus)

Eine Ballerina im Frühling

Kaya war auch in der Ballettschule. Die Lehrerin sah, dass Kaya begabt ist und wollte sie (durch Kostennachlass) fördern.
Der Vater brach aber den Ballettunterricht für Kaya ab.

Die ganze Welt ist da. Ob ich sie sehen will oder nicht.

Abschied, Trennung, neue Konfrontationen, Geburt und Tod – auch
Gewalterfahrungen und Kriminalität. Das wird es alles noch mindestens eine Zeit
lang geben und wir werden alle immer wieder damit konfrontiert werden.
Es gibt auch Erdbeben, Flugzeugabstürze...
Dafür brauche ich echt nicht weise zu sein, um das vorhersagen zu können.

Die Frage ist nur, ob wir „copen" und „solven" können oder ob wir traumatisiert
werden und zerbrechen.

Beides ist sogar ok.. Es geht immer weiter. Eckhart Tolle nennt nur das Eine den
schmerzvollen Weg und das Andere den sanften oder leichten Weg.

Das ist eine Polarisierung... also wieder ein bisschen drehen... dann wird's rund:

<u>Kate Bush singt: Mutter steht für Komfort („Mother stands for comfort")</u>
(Ich übersetze wieder.)

Mutter steht für Komfort

Sie weiß, dass ich etwas falsch gemacht habe,
aber sie wird nichts sagen.
Sie denkt, dass ich gestern mit meinen Freunden zusammen war,
aber sie wird mir nicht übel nehmen, dass ich lüge,
der Grund ist:

Mutter steht für Geborgenheit
Mutter wird den Mörder verbergen

Es zerbricht den Käfig und die Angst entflieht und gewinnt gleichzeitig auch an
Raum
Wie ein Volksaufstand im Innern
(Mach´, dass ich dies tue, mach´, dass ich dass mache)
Bin ich die Katze die den Vogel frißt?
Für sie die Gejagte, nicht die Jägerin?

Mutter steht für Komfort
Mutter wird den Mörder verstecken
Mutter wird den verrückten Mann verstecken
Mutter wird Mutti bleiben

Heißt comfort nun Komfort oder Geborgenheit und auch Schutz?

Der Komfort wird gleich nochmal bei den Männern in Form von der Krankenschwester und Magd angesprochen.

Jetzt mal eine Beleuchtung der Mütter und Vormütter und auch des Tanzes aus meiner Heimatstadt:

„Do. 10.11. 2016, 19.00 – 22.00 Uhr
Sigruns schwarze Welle - Ahnenzeit- Wurzelzeit
Wir tanzen in schwarz und laden unser Vormütter ein…
Wer möchte kann Fotos mitbringen und aufstellen von Menschen, die euch auf eurem Weg gestärkt haben und bestärkt haben. (...)

Di. 15.11.2016, 18.30 – 22.00 Uhr
Hexenkräuterabend – wir rühren Salben für die dunkle Zeit !!!!
  * Wurzelkraft aus Engelwurz und Beinwell
  * Lichtbalsam aus Johanniskraut
  * Lippenbalsam rote Berta (mit rote Beetesaft)

Bitte wieder 2 Cremedosen für die Balsame mitbringen
Kleiner wilder Imbiss" (Aus der Mail: „Der Naturraum öffnet sich...")

Sigrun Zobel ist sechzig Jahre alt und Bürgerpreisträgerin in meiner Heimatstadt.

Im Naturerlebnisgarten am Paschenberg des BUND e.V. bietet sie unter Anderem das Tanzangebot **Welle**

Wofür brennt dein Herz?
Befreites, freies Tanzen

Entdecke deinen Körper in den fünf heilenden Rhythmen: erden, aufbrechen, wild, freudig, still.

Musik aus vielen Kulturbereichen, der Rhythmus und die eigene Neugier begleiten uns durch Freude, Wut, Ärger, Trauer, Befangenheit und Stille. Wir werden im Tanz unser inneres Feuer suchen, unsere Leidenschaft, mit der wir für etwas brennen, unsere Wildheit und Inbrunst, unsere Klarheit und unseren Mut Ja oder Nein zu sagen. Im Staccato-Rhythmus lernen wir Grenzen zu setzen und Grenzen zu akzeptieren.

(http://www.naturraum-herten.de/Welle.html)

Schließlich noch ein Gedicht von Clemens Brentano:

Gesang der Liebe als sie geboren war

O Mutter halte dein Kindlein warm
Die Welt ist kalt und helle,
Und leg es sanft in deinen Arm
An deines Herzens Schwelle.

Leg still es wo dein Busen bebt
Und hold herabgebücket,
Harr liebvoll, bis es die Äuglein hebt,
Zum Himmel selig blicket.

Du strahlender Augenhimmel du,
Du taust aus Mutteraugen
Ach Herzenspochen, ach Lust, ach Ruh!
An deinen Brüsten saugen.

Ich schau zu dir, so Tag als Nacht
Muß ewig zu dir schauen
Du mußt mir, die mich zur Welt gebracht,
Auch eine Wiege bauen.

Um diese Wiege laß Seide nicht,
Laß deinen Arm sich schlingen
Und nur deiner milden Augen Licht
Laß zu mir nieder dringen.

Und in deines keuschen Schoßes Hut
Sollst du dein Kindlein schaukeln,
Daß deine Worte so mild so gut
Wie Träume es umgaukeln.

Da träumt mir, wie ich so ganz allein,
Gewohnt dir unterm Herzen
Wie nur die Freuden und Leiden dein
Mich freuten und mich schmerzten.

Oft rief ich dir, komm! o Mutter komm!
Kühl dich in Liebeswogen,
Da fühltest du dich so sanft, so fromm
Zu dir hinabgezogen,

Mit meiner Seele hielt treu und warm

Ich dich in dir umschlungen,

Und hab dir kindisch Sorg und Harm
In Liedern weggesungen.

Was heilig in dir zu aller Stund,
Das bin ich all gewesen
O küß mich süßer Mund gesund,
Weil du an mir genesen.

So lallt zu dir mein frommes Herz,
Und nimmer lernt es sprechen,
Blickt ewig zu dir, blickt himmelwärts
Und möcht in Freude brechen,

Bricht's nicht in Freud', bricht's doch in Leid,
Bricht es uns alle beiden
Denn Wiedersehn geht fern und weit,
Und nahe geht das Scheiden.

O Mutter halte dein Kindlein warm
Die Welt ist kalt und helle
Und leg es leis, bist du zu arm,
Hin an des Grabes Schwelle.

Leg es in Linnen, die du gewebt,
Zu Blumen, die du gepflücket,
Stirb mit, daß wenn's die Äuglein hebt,
Bei Gott es dich erblicket.

Nun zu den Männern und Vätern und Söhnen

Winter (**Tori Amos** übersetzt von mir**)**

Schnee kann warten
Ich vergaß meine Fäustlinge
Wisch meine Nase
Zieh´meine neuen festen Schuhe an
Ich werde in meinem Herzen ein wenig warm
Wenn ich an Winter denke
Ich lege meine Hand in den Handschuh meines Vaters

Ich renne dort weg
Wo die Treiben tiefer werden
Schlafende Schönheit bringt mich zum Stirnrunzeln/ missbillige ich
Ich höre eine Stimme
"Du musst aufstehen
für dich selbst
Weil doch nicht immer um dich sein kann"

Er sagt
Wann geht dir endlich ein Licht auf?
Wann wirst du dich endlich genau so lieben wie ich es tue?
Wann erkennst du es endlich?
Denn die Dinge werden sich so schnell ändern...
All die weißen Pferde sind noch im Bett.
Ich sage dir, dass ich dich immer in meiner Nähe haben möchte
Du sagst, dass Dinge sich ändern, meine Liebe

Jungs werden enttarnt, wenn der Winter schmilzt
Blumen konkurrieren um die Sonne
Jahre vergehen und ich bin immer noch hier und warte
Vernichte, wo ein Schneemann war
Spieglein, Spieglein, wo ist der Kristallpalast?
Aber ich sehe nur mich selbst.
Bewege mich im Kreis herum und herum und das, was ich wirklich bin
Aber ich weiß, Papa, das Eis wird dünn

Wann geht dir endlich ein Licht auf?
Wann wirst du dich endlich genau so lieben wie ich es tue?
Wann erkennst du es endlich?
Denn die Dinge werden sich so schnell ändern...
All die weißen Pferde sind noch im Bett.
Ich sage dir, dass ich dich immer in meiner Nähe haben möchte

Du sagst, dass Dinge sich ändern, meine Liebe

Das Haar ist grau
Und die Feuer brennen
So viele Träume
Im Regal (abgelegt/ verwahrt)
Du sagst, dass ich wollte, dass du stolz auf mich bist
Das wollte ich aber auch immer selbst - für mich

Er sagt
Wann geht dir endlich ein Licht auf?
Wann wirst du dich endlich genau so lieben wie ich es tue?
Wann erkennst du es endlich?
Denn die Dinge werden sich so schnell ändern...
All die weißen Pferde sind noch im Bett.
Ich sage dir, dass ich dich immer in meiner Nähe haben möchte
Du sagst, dass Dinge sich ändern, meine Liebe

Ich lasse Vater und Tochter hier mal vereint und nehme sie nicht auseinander.
Das Lied finde ich sehr schön. Sie ist fit für den Winter. Sie kann warten, kann
Bedürfnisse aufschieben, wischt sich die Nase und wagt sich auch ohne Fäustlinge
hinaus. Sie wurde besser materiell ausgestattet, steht diesmal nicht frierend in
Seidenstrumpfhose, kann aber auch auf die Fäustlinge verzichten.
Ihr Herz wird warm, wenn sie an Winter denkt. Sie legt ihre Hand vertrauensvoll in
die gewährende Hand des Vaters.

Folgen einer bedingten Liebe kommen trotzdem zum Vorschein: Warum liebt sie sich
nicht selbst? Warum leuchtet sie nicht?
Wäre ihr das Urvertrauen erhalten geblieben, hätte sie diese Probleme wahrscheinlich
nicht.

Der Vater eröffnet durch seine Aufforderung/ sein Fragen:
„Wann geht dir endlich ein Licht auf?
Wann wirst du dich endlich genau so lieben wie ich es tue?
Wann erkennst du es endlich?
Denn die Dinge werden sich so schnell ändern...“

Ungeduld und schlechtes Gewissen: Wann wirst du dich und mich endlich lieben?
Was habe ich/ was haben wir falsch gemacht?
Wann ist es endlich soweit/ wieder vorbei?

Die Dinge ändern sich schnell. Wie stabil ist die Wahrheit?

Ecce homo

Heine schreibt „Wahrhaftig" dem Frühling zu. Aber wir sind ja im Winter... das ist gut. Der Winter bietet Stabilität. Konserve. Hier kann man sich gut besinnen und orientieren. Und was fällt einem denn noch ein, wenn man an Heine im Winter denkt? Richtig! Das Märchen.... und wieder schließt sich ein Kreis.... aufwärts...

Excerpt:

„Wir wollen auf Erden glücklich sein,
Und wollen nicht mehr darben;
Verschlemmen soll nicht der faule Bauch,
Was fleißige Hände erwarben.
Es wächst hienieden Brot genug

Für alle Menschenkinder,

Auch Rosen und Myrten, Schönheit und Lust,

Und Zuckererbsen nicht minder.

Ja, Zuckererbsen für jedermann,

Sobald die Schoten platzen!

Den Himmel überlassen wir

Den Engeln und den Spatzen.

Und wachsen uns Flügel (...)"

Siehe wieder: IKLARUS

Im Winter gibt es keine frisch aufgeplatzten Zuckerschoten.

Wir können aber Plätzchen backen. Es gibt Lebkuchen und Spekulatius und
Konserven. Erinnerungen.
Sigrun hat mit den Frauen Wurzelkraft aus Engelwurz und Beinwell hergestellt.
Das Lichtbalsam aus Johanniskraut kann nun verwendet werden wie auch der
Lippenbalsam rote Berta.

Weiterhin wurden Kräuter getrocknet. An unserer Haustür hängt ein Weidenkranz.
Verwebt wurden vier selbst ausgesuchte und selbst geschnittene Weidenruten gegen
den Schmerz, zur Konservation und zum Schutz. Eingewoben wurden Weißdorn für´s
Herz und die Nahrung, Astern für das Licht und die Farben und auch verscheidene
Kräuter wie Salbei...

Im Winter wird es schneller dunkel, aber es leuchten auch mehr Lichter auf.

Kerzen leuchten. Lichter leuchten.

(Bei „Merida"- auch einer Rothaarigen - weisen Irrlichter den Weg.... brennende
Seelen...
wer kennt die gute Annette von Droste-Hülshoff und ihren „Knabe im Moor"?)

Wem ist schon das Licht aufgegangen, dass es dieses Jahr zu Weihnachten keine Gier nach Liebe, Anerkennung und Materie geben wird, sondern das Glückserleben leuchtender Kinderaugen durch eigenes Leuchten, durch wahre Zuwendung und Ehrlichkeit erzeugt wie reflektiert werden?

Die tiefen, vertrauensvollen Erinnerungen im Herzen sind stabil. Sie strahlen und geben Kraft. Das Urvertrauen, dass niemand sich erarbeiten muss, sondern das einfach da ist. Geschenkt. Präsent.

Alles ist bereits da.

Gerade war ich mit dem Hund draußen und da war auch ganz klar: Herbst und Winter sind auch die Jahreszeiten des Schmutzes: Meine Füße sind nass und der Dreck klebt dann daran und man sieht es sofort auf den Fliesen.

Frisch gefallener Schnee ist pur und weiß.

Folgend übersetzt und auseinandergenommen:
„Fifteen feet of pure white snow" von Nick Cave and the bad seeds

Solve:

Wo ist Mona?

Na, da frage ich erstmal: Wer ist Mona?
Vielleicht fällt einem dazu zuersteinmal DaVinci´s Mona Lisa ein.
Das ist gut, denke ich.

„Monasterium" heißt weiterhin Kloster. Was ist ein Kloster? Ein Kloster ist ein Zufluchtsort. Ein Kloster ist ein Ort in dem sich Eigenheiten bewahrt werden können. Ein Kloster biete Schutz durch feste, dicke Mauern.

Wie wird bewahrt?
Durch liturgische Gesänge, durch Beten,, durch Disziplin, durch Gärtnern.
Wie wird geschützt? Durch dicke Mauern und eine feste Gemeinschaft. Durch Schweigen.

Es gibt Frauen- und Männerklöster.

Mona könnte (von „mono") aber auch die Einzige, die Wahre, Liebe, Mutter (Gottes), Königin oder Göttin und auch Tochter sein. Es gibt die Monarchie. Es gibt die Hierarchie. Es gibt Patriarchat und Matriarchat.

Sie ist schon lange weg.
Ich nehme jetzt mal die Mutter: Sie ist schon lange weg. Es ist kalt. Es ist Winter und es liegt hoher Schnee. Die Wärme ist weg.

Die Wärme findet sich aber nicht nur bei der Mutter. Ludwig der IVX. war der
Sonnenkönig.
Mein Vater zum Beispiel hat mir viel Wärme gegeben. (Als absolutistischen
Herrscher bezeichne ich ihn nicht. Jedoch hat er mit dem Sonnenkönig gemein, dass
er Geschichte, Bildung und Kultur und auch das Schöne, die Natur sehr achtete und
an uns Kinder weitergab.)

Wo ist Maria?
Hier auch wieder erst die Frage: Wer ist Maria?

„**Maria** (griechisch Μαριάμ, *Mariam,* hebräisch מרים, *Mirjam,* aramäisch □□□□;
auch: *Maria von Nazaret*) ist die im Neuen Testament genannte Mutter des Jesus von
Nazaret. Sie lebte mit ihrem Mann Josef und weiteren Angehörigen in der Kleinstadt
Nazaret in Galiläa. Maria wird im Christentum als Mutter Jesu Christi besonders
verehrt. (...)

Maria ist die griechische Form des hebräischen Namens *Miriam* (auch als *Mirjam*
transliteriert), und wird traditionell als Nominalbildung aus den hebräischen
Bezeichnungen mir/mar für „bitter" und jam für „Meer" angesehen. Er wäre dann mit
„meeresbitter", auch „Meeresmyrrhe" oder „Meerestropfen" wiederzugeben. Diese
Namensdeutung klingt noch im Titel Stella Maris (dt. „Meerstern") an. Daneben wird
neuerdings auch eine Ableitung des Namens aus dem Ägyptischen vorgeschlagen:
merit-amun, übersetzt „von Amun Geliebte". Auch werden andere Ableitungen aus
dem Hebräischen diskutiert, so „die Erhabene" von רום *rum* „sich erheben" und „die
Widerspenstige" von מרה *marah* „widerspenstig sein"" (Wikipedia)

Maria ist die Mutter Gottes. Lebensspenderin. Bewahrerin und Schützerin.
Sie wird klein als Meerestropfen und groß als das Meer bezeichnet.
Sie wird als bitter und widerspenstig bezeichnet.

Weiterhin gibt es (unter vielen anderen mehr) noch Maria Magdalena. Sie sie ist die
Sünderin.
(Vgl. auch: „I need a dirty woman (...) I need a dirty girl" in „Young Lust" von Pink
Floyd´s „The Wall". Der Hauptdarsteller braucht/ sucht den Dreck, die dreckige Frau
als Kompensation zu seiner zu sauberen und kontrollierenden Mutter.

Auch hier geht s um „skating" und „dünnes Eis"... unsichere Bindung... Tatsächlich halte ich die Liebe, die Geliebte des Hauptdarstellers aber nicht für dreckig... Auch hier gibt es ein Telefon. Irgendwann geht keiner mehr ran.).

Ist Maria Magdalena nun eine Sünderin? Sie gibt Liebe, gibt sich voll hin. Wirft sich zu Füßen und ist doch auch eine kleine Königin oder?
(Vgl. auch Goethes „Selige Sehnsucht": Auch Maria preist das Lebendige. Sie salbt Jesus. Sie ist Zeugin des Lebens, des Sterbens und Werdens. Sie weiß. Aber auch sie soll schweigen, richtig?)

Unter gewissen Umständen soll das Leben schweigen. Es ist so anstrengend, es ist so viel.
(„Zu viel Gefühl" („Blaue Augen": Ideal))

Auch das Bild mit den drei Affen, die nichts hören, nichts sehen und nichts sagen geht nicht ohne Grund um die Welt.

Naja, Mona ist auf jeden Fall weg. Verlust oder Befreiung?
Mary hat sie auch gleich mitgenommen.

<u>Sie hat sie mitgenommen</u>
<u>Aber sie tragen doch ihre Fäustlinge nicht</u>
Ein bisschen Sorgen macht er sich also schon um Mona und Mary da draußen in der kalten Welt....

<u>Und da liegen fünfzehn Fuß von purem weißen Schnee hoch/ tief?</u>

<u>Wo ist Michael?</u>
<u>Wo ist Markus?</u>
<u>Wo ist Matthäus</u>
<u>Jetzt, wo es dunkel wird?</u>

Wo sind Engel und Apostel, jetzt wo es dunkel wird?

Wo ist Johannes? Sie sind alle weit draußen

Wo ist Johannes?

„Das Johannesevangelium beginnt nicht mit der Geburt, Kindheit oder Taufe Jesu,
sondern mit einem tiefgründigen Prolog in der Form eines strophischen Liedes (1,1–
18 EU):

> *Im Anfang (ἀρχή) war das Wort (λόγος)*
> *und das Wort war bei Gott,*
> *und das Wort war Gott.*
> *Im Anfang war es bei Gott.*
> *Alles ist durch das Wort geworden*
> *und ohne das Wort wurde nichts, was geworden ist.*

Zielpunkt dieser und der folgenden drei Strophen ist Vers 14:

> *Und das Wort ist Fleisch geworden*
> *und hat unter uns gewohnt*
> *und wir haben seine Herrlichkeit gesehen,*
> *die Herrlichkeit des einzigen Sohnes vom Vater,*
> *voll Gnade und Wahrheit." (Wikipedia)*

Das Inverbidungbringen von Nick Cave und der Bibel ist übrigens nicht abwegig.
Nick Cave hat am „Bibelprojekt" mitgeschrieben.

Hier hat er die Einleitung zum Markus-Evangelium geschrieben... „"Und er stand auf
und bedrohte den Wind und sprach zu dem Meer: Schweig und verstumme! Und der
Wind legte sich, und es ward eine große Stille. Und er sprach zu ihnen: Wie seid ihr
so furchtsam? Wie, dass ihr keinen Glauben habt? Und sie fürchteten sich sehr und
sprachen untereinander: Wer ist der? denn Wind und Meer sind ihm gehorsam."
(4.39-41)" (Bibelprojekt, hier von: https://www.lovelybooks.de/autor/Nick-
Cave/Das-Bibel-Projekt-Das-Evangelium-des-Markus-1326974390-w/)

Unter fünfzehn Fuß von purem weißen Schnee
Würdest du bitte aufhören zu telefonieren
Wir befinden uns unter einer Decke von fünzehn Fuß purem weißen Schnee

Die Bitte könnte man so deuten: Nimm wahr, was ist! Wir sind verlassen! Es ist kalt!
Konzentriere dich! Wende dich mir zu! Ich bitte darum, aber es ist dringend!

<u>Ich winkte meinem Nachbarn</u>
<u>Mein Nachbar winkte zu mir</u>
<u>Aber mein Nachbar ist mein Feind</u>

Hm.. warum ist der Nachbar der Feind? In Leonard Cohen´s „Famous Blue Raincoat"
geht es auch um einen Feind. Es geht auch hier um das Leben, das Leichte, den
Zigeuner, den Gipsy und es geht um das Klarsehen, das Klarwerden.
Goethe sagt: „Wenn man mit sich und seinem Nächsten im Reinen ist. Das ist das
Beste."
Weiterhin kennt wohl jeder: „Du sollst deinen Nächsten lieben wie dich selbst."
Bedenke auch: „Homo hominis lupus" und siehe das Bild: „Ecce homo" von Lovis
Corinth.

Der Nachbar ist nah. Er kriegt alles mit. Dennoch sind beide eigen, oder? Sie haben
ihre eigenen Häuser, ihre eigenen Familien, ihre eigenen Geschichten....

<u>Ich winkte immer stärker</u>
<u>Bis ich nichts sehen konnte</u>

Was ist Winken? Winken ist Beachtung und Wertschätzung aus der Distanz. Winken
kann man zur Begrüßung und zum Abschied.
Er winkt hier immer stärker, vielleicht wie ein Schwimmer im Meer, der auf sich
aufmerksam machen möchte.

Wer kurz vor´m Ertrinken ist, winkt übrigens nicht mehr.

Es ist also noch Zeit! Es ist noch Hoffnung!

Sein Suchen führt aber zu Irren, führt dazu, dass er nicht mehr klar sehen kann...

<u>Unter fünfzehn Fuß von purem weißem Schnee</u>

<u>Ist da irgendjemand da draußen?</u>
<u>Es ist viel zu still hier drinnen</u>
<u>Und ich fange an, zu frieren</u>
<u>Eiszapfen hängen an meinen Knieen</u>
<u>Unter fünfzehn Fuß von purem weißem Schnee</u>

Ist irgendwo jemand, der sich auch so platt fühlt?
Unter fünfzehn Fuß von purem weißem Schnee

Erhebe deine Hände zum Himmel!
Erhebe deine Hände zum Himmel!
Erhebe deine Hände zum Himmel!
Ist es ein Wunder?
Oh mein Gott, oh mein Gott
Oh mein Gott, oh mein Gott

Doktor, Doktor,
Ich werde verrückt
Dies ist der schlechteste Tag, den ich jemals hatte

Nee, das stimmt nicht. Die schlechten Tage waren schon früher.... jetzt kommt nur alles geballt wieder hoch.

Ich kann mich nicht erinnern, mich jemals so schlimm gefühlt zu haben

Ja, es liegt ja auch:
Unter fünfzehn Fuß aus purem weißen Schnee

Wo ist meine Krankenschwester?

Die Krankenschwester: Ich bin übrigens Kindergärtnerin. Kindergärtnerin oder Erzieherin heißt im Englischen auch „nursery nurse". Aber das nur nebenbei.
Die Krankenschwester erwähnt Nick Cave auch in „Hallelujah":
„I turned to the woman and the woman was young
I extended a hearty salutation
But I knew if my nurse had been here
She would never in a thousand years
Permit me to accept that invitation
Invitation
That invitation
That invitation (...)

But with her hot cocoa and her medication my nurse had been my one salvation"

Hier geht es also nicht um die Faust und den schmerzvollen Weg, sondern um eine Einladung...
(S.h. Eckhart Tolle: The painful way)

Neil Young sagt, dass der Mann eine Magd braucht. Jemand, der ihm die Speisen fixiert und serviert und dann wieder geht. („Man needs a maid")

Cat Stevens sucht eine „Hard headed woman". Jemand, der ihn befähigt, sein Bett selbst zu machen.

Hier eine Portion Salutogenese:

„Spiraldynamik

Salutogenese: Schwimmen lernen im Fluss des Lebens (…)

Stellen Sie sich vor, Menschen fallen immer wieder in einen reissenden Fluss. Macht es Sinn, sie jedes Mal mit grossem Aufwand zu retten, ohne sich Gedanken zu machen, wie sie da hineingeraten sind und wie sie sich in Zukunft selber helfen könnten? Die aufwändigen Rettungsaktionen verändern weder die Situation noch verhelfen sie den Betroffenen zu Eigenständigkeit. Ein erster sinnvoller Schritt wäre vielmehr, die Menschen ordentlich schwimmen zu lehren! Erstens wären sie im Wasser nicht mehr nur überrascht und hilflos. Sie könnten die Situation **verstehen**. Zweitens hätten sie das Gefühl, die Situation bewältigen zu können. Durch das Schwimmen hätten sie **Ressourcen zur Verfügung** der „Anforderung Fluss" zu begegnen. Drittens würde Schwimmen in dem Moment Sinn machen. **Es lohnte sich, Energie** ins Schwimmen **zu investieren**.
Diese Metapher des Flusses verwendete der Medizinsoziologe Aaron Antonovsky (1923 – 1994), um sein Konzept der Salutogenese zu verdeutlichen. Die Salutogenese beschäftigt sich mit der **Gesundheitsentstehung** (vom lateinischen *salus*, Gesundheit und dem griechischen *genesis*, Werden, entstehen). Sie steht damit der Pathogenese gegenüber. Pathogenese ist in der Schulmedizin gebräuchlich und beschäftigt sich ausschliesslich mit der Entstehung und Behandlung von Krankheiten. Kernstück der Salutogenese ist das Kohärenzgefühl (sense of coherence), ein Gefühl des Vertrauens: Es entsteht, wenn Menschen Kräfte zur Verfügung haben, um mit den

körperlichen und psychosozialen Belastungen des Lebens erfolgreich umzugehen. Drei Aspekte, welche am Beispiel des Schwimmens bereits erwähnt sind, bestimmen dieses dauerhafte und gleichzeitig dynamische Kohärenz-Gefühl.

- **Verstehbarkeit:** Der Mensch muss auftretende Belastungen erklären, verstehen und verarbeiten können.
- **Bewältig- oder Handhabbarkeit**: Der Mensch verfügt über innere und äussere Ressourcen, über erfolgsversprechende Handlungsstrategien.
- **Sinnhaftigkeit**: Der Mensch hat das Gefühl, dass die Anforderungen und Probleme es wert sind, sich zu engagieren und Energie zu investieren."

(http://www.spiraldynamik.com/newsarchiv/31200__medizin_200509_renatel auper.htm)

Ich brauche eine kleine Portion Heilung

Wie sieht diese Portion „Heilung" wohl aus, die er sich von seiner Nurse verspricht?
Ein Medikament? Ein Betäubungsmittel?
Oder ist er gar bereit für eine Körperverletzung? (Injektion, Selbstverletzendes Verhalten...)

Ich wurde von diesem Mangel an Gefühl paralysiert

Na, wenn er gelähmt, entkräftet und geschwächt ist, braucht er wohl etwas Aufputschendes..
Vielleicht Kokain, vielleicht Extremsport, vielleicht Stalking – nur SELBST will er nicht.
Weder SELBST geben noch SELBST nehmen.

Ich kann nochnichteinmal etwas finden, dass es wert wäre, gestohlen zu werden
Unter fünfzehn Fuß von purem weißem Schnee

Aber immerhin will er nicht stehlen. Das ist wieder gut.

Hier beginnt: Coagula

Und nochmal ein ein Anrufen. Ein Lösungsversuch, ein Kontaktversuch, ein Gemeinschaftersuchen. Das ist auch gut.

Hier sehe ich, dass er sein Trauma/ sein Problem, Seinen Mangel, seine Hilflosigkeit – die Spirale durchbricht.
Er erhebt seine Hände. Er erhebt sich. Er ehrt Himmel und Erde.
Durch Gott sind Mutter, Vater und Sohn bei ihm!

Und seine Erfahrung und seine Erkenntnis behält er nicht für sich. Er ist nicht mehr im Egozentrismus. Er ist wieder da. Er gibt. Er ruft. Er fordert.
Er hat die Stille durchbrochen. (S.O.S. - „Sounds Of Silence" von Simon and Garfunkel)

1, 2, 3, 4 … 10

Dyade: Die Zweiereinheit von Mutter und Kind: Gibt es. Ist so. Sollte man achten!
Triade: Vater, Mutter und Kind. Oder auch die Dreifaltigkeit.

Es gibt den Monolog, den Dialog, den Trialog und die 10 Gebote sind in Dekalog.

Nun wollte ich gerade den „leichten“ Weg aufzeigen, schlage kein Buch, sondern das
Internet auf und was springt mir massenhaft entgegen?

Opfer, Opfer, Opfer, Opfer.... überwinden Sie das Opfersein... werden Sie aktiver
Gestalter, Resilienz..... Zeit... Leben... Freiheit... alles voll... wusste ich nicht.
Musste ich dieses Buch also doch nicht schreiben.
Musste ich ja auch nicht. Ich hab´s gerne gemacht.
Hab´ meinen Schmerz verarbeitet. Meine Konflikte bearbeitet. Bin in meine Wunden
gegangen, habe sie mir angesehen... hineingefühlt... bleibe durch das Schreiben, die
Bilder und die Musik im Fluss und es verklumpt und verhärtet nicht. Es bleibt in der
Lösung. Ich bleibe in der Lösung und damit gleichzeitig bindungsfähig. Die Zitate
und Wahrnehmung und Konservierung der Großen bietet mir dazu Halt.

Nun hatte ich meinen Vater erwähnt. Von meinem Vater habe ich den Grundfundus
meiner Musik, das Interesse an Geschichte und Politik und auch Recht, Spaziergänge,
Nähe und Streicheleinheiten, die Sensibilität und auch das Polarisieren.
Ja, und auch das Anstrengende.

Was habe ich von meiner Mutter? Meine Mutter ist stiller. Nicht so offen. Sie hat
sechs Kinder spontan entbunden, darunter sogar ein Zwillingspärchen! Das habe ich
nicht geschafft... Sie hat uns still und zuverlässig versorgt. War mit beim Basteln, im
Kindergarten und in der Schule... Meine Mutter hat zwei Mal Hundewelpen
mitaufgezogen, sie hat mit uns den Kontakt zu ihrer Familie gepflegt. Sie hat viel
geputzt und mitten in der Nacht Kartoffelsalat geschnibbelt.... die Möbel umgestellt.
Sie hat das Haus gehütet.

Ich liebe und achte euch beide.

Meine Coachin habe ich vor kurzem herzlichst zum Lachen gebracht:

Ich sagte: **Die einen machen NLP und ich knutsche Maultiere.**

Sie ist auch Systemische Beraterin.

Wir haben ein bisschen Genogramm-Arbeit gemacht.

„Feist: 1, 2, 3, 4"
Müsst ihr selber aufschlagen... Zu viel Zitieren wird mir zu teuer... verhandele noch
wegen Nick Cave Zitat aus dem letzten Buch....

Sie verbindet aber die Gemütlichkeit, die Geborgenheit mit der Bitternis.

Und das ist es im Endeffekt: Der Widerspruch ist die Brücke.
Die Verbindung der Gegenteile. Durch Drehen, durch Knutschen, durch
einfach an die Hand nehmen....
Und anstatt der Fäustlinge vielleicht einen Muff für den Winter
anschaffen...
Oder die Hand in des Vaters Handschuh legen.
Meine Kinder habe ich immer gerne unter einem großen Wollpullover
durch Herbst und Winter getragen....

Advent, Advent,
ein Lichtlein brennt.

Erst ein, dann zwei,

dann drei, dann vier,

dann steht das Christkind vor der Tür.

Gracias la vida

Herstellung und Verlag:
BoD - Books on Demand, Norderstedt
ISBN 978-3-7412-9218-7

VORWORT

Ist Ataxie heilbar?

Das ist die Frage, die hier aufgeworfen und diskutiert wird.

Ataxie ist eine seltene Nervenkrankheit und ist der medizinische Fachbegriff für gestörte Bewegungskoordination. Ataxien sind meist vererbte, genetisch bedingte Degenerationskrankheiten des Nervensystems, bei denen es zu einem allmählich fortschreitenden Funktionsverlust von bestimmten Teilen des Nervensystems kommt. Häufig geht mit dem Funktionsverlust auch das Absterben von Nervenzellen einher.

Das Internet und die Medizin weltweit ist voll mit Meinungen, dass Ataxie unheilbar wäre, man sie nur aufhalten oder verlangsamen könne, aber die Krankheit früher oder später das Leben des Erkrankten fordere.

Ich bin die erste und einzige Person, die Genträger der spinozerebellären Ataxie (SCA 1) ist, daran erkrankt war, es geheilt hatte – das war im Oktober 2017.

Nach ein paar Jahren ist sie jedoch wieder ausgebrochen, da ich noch das Gen im Körper hatte, das war November 2020, und es wurde aktiv – ich musste daher meine Arbeit als Neukundenwerber bei Bofrost/Möhlin abbrechen.

Seither halte ich die Ataxie erfolgreich in Schach. Kapitel 1-12 sind Original vom Jahr 2019 – die späteren Kapitel sind neu hinzugefügt.

Lesen Sie dieses Buch und erfahren Sie, wie.

WIDMUNG

Dieses Buch ist meinen fünf Geschwistern gewidmet.

Mein Bruder Hartmut, geb. am 5. September 1963, verstorben im Januar 2019, mit 56 Jahren. Er war für viele Jahre Weber und war als LR-Vertreter extrem erfolgreich - er hatte im MLM ca. 150 weitere LR-Vertreter unter sich und war für einen großflächigen Bezirk verantwortlich.

Meine Schwester Kornelia, geb. am 23. Dezember 1961, verstorben im Februar 2019, mit 57 Jahren. Sie war seit ihrem 20ten Lebensjahr selbständige Übersetzerin. Sie hatte in Erlangen ein 30 Mann starkes Team aufgebaut und war über viele Jahre hinweg einer der Hauptkunden von Siemens.

Meinem anderen Bruder Rainer, geboren am 24. Juni 1966, verstorben im November 2019, mit 53 Jahren. Nach seiner Lehre als Kaufmännischer Angestellter bei Florimex (Verkauf von Schnitt- und Topfblumen) stieg er die Karriereleiter nach oben und wurde stellvertretender Filialleiter eines großen Blumenhandels in Leipzig.

Und meiner anderen Schwester Gabi, geb. am 26. November 1960, verstorben Oktober 2020, mit 59 Jahren. Sie war Zeit ihres Lebens Pädagogin, war in vielen verschiedenen Institutionen tätig und hat sogar bis zu dem Zeitpunkt, an dem sie nicht mehr Auto fahren konnte, gearbeitet – trotz ihrer Krankheit.

Sie alle waren fröhliche, erfolgreiche, liebenswerte Menschen und waren stark im Leben – sie hatten eine leuchtende Zukunft, doch Ataxie hat ihr Leben kaputt gemacht.

Meine noch lebende Schwester Birgit ist leider ans Bett gefesselt oder sitzt im Rollstuhl und muss von ihrem Mann und zwei Söhnen gepflegt werden. Sie war Zeit ihres Lebens Chemielaborantin und ist sehr schnell die Karriereleiter hinaufgestiegen, bis die Krankheit 2011 zugeschlagen und sie von ihrer Arbeit vertrieben hat.

Ich habe auch das Gen, im Dezember 2014 wurde es diagnostiziert, habe jedoch Techniken gefunden, sie auf meine Situation zurechtgeschnitten und dann angewandt – und nach zwei Jahren harter Arbeit mit meinem Körper konnte ich den psycho-somatischen Aspekt dieser von meinem Vater vererbten Gen-Krankheit auslöschen.

DIESE TECHNIKEN UND ANWENDUNGEN SIND IN DIESEM BUCH!

Dieses Buch soll demnach verhindern, dass unnötig wertvolles Leben dahingerafft und starke Familien zerrüttet werden, in denen jemand an Ataxie erkrankt ist und noch etwas dagegen tun kann.

DENN: ATAXIE IST HEILBAR!

Mit Liebe,
Euer Bruder,
Volker

INHALTSVERZEICHNIS

IMPRESSUM

Volker Meyer

Am Mühlenbach 9a

79618 Rheinfelden/Baden

Deutschland

Telefon: +49 7623 7390 840

E-Mail: volker@ataxie-heilbar.de

Verlag: BoD · Books on Demand GmbH,

In de Tarpen 42,

22848 Norderstedt, bod@bod.de

Tel: +49 40 -53 43 35 11

Email: info@bod.de

Webseite: bod.de

Druck: Libri Plureos GmbH

Friedensallee 273

22763 Hamburg

ISBN: 978-3-7693-9903-5

1) Wie zum Teufel bekam ich Ataxie?

Alles begann mit einem Anruf meiner Schwester.

Es war Weihnachten 2011. Sie wünschte mir frohe Weihnachten und ein gesundes, frohes neues Jahr. Doch dann sagte sie: „Wünsche es nicht mir!" Ich fragte: „Wieso denn?" Sie meinte daraufhin, dass sie diese „scheiß Ataxie" habe.

Ich fragte, was das sei, und sie erwiderte: „Seit Juli bin ich daran erkrankt – und binner sechs Monaten ist sie so weit fortgeschritten, dass ich nicht mehr arbeiten kann (sie war Chemielaborantin) und zu 100 Prozent Invalide bin – mit Karte und allem."

Ich war schockiert!

Sie sagte mir, ich solle es googlen und selbst herausfinden, was es sei, sie habe jedenfalls schon herausgefunden, dass Ataxie eine vererbte Gen-Krankheit sei. Sie käme wohl von unserem Vater, denn er hatte dieselben Symptome kurz vor seinem Tod, war abgemagert und saß im Rollstuhl.

Sie sagte, sie hätte es jetzt erst bekommen, doch unsere älteren Geschwister hätten es schon – und ich würde es wohl auch bald kriegen. Das klang so „erfrischend", dass ich mich nach dem Telefonat sofort im Internet auf die Suche begab, um alles herauszufinden, was es darüber zu wissen gibt.

Und: Mensch Meier! Das war jede Menge!

Die Punkte, die immer wieder erschienen, waren: „vererbt", „fortschreitend krankmachend" – und das Schlimmste: „unheilbar"! Das waren ja „gute Zukunftsaussichten"! Sobald man die 40 überschritten habe, würde die Erkrankung sichtbar werden. Ich war allerdings schon 42 Jahre alt, hatte aber noch keine Symptome ... dachte ich jedenfalls!

Tatsächlich konnte ich aber seit ungefähr einem Jahr, also seit 2010, nicht mehr spurten. Beim Joggen machte ich üblicherweise einen 100-Meter-Spurt – was mir aber beim besten Willen nicht mehr gelang. Aus welchem Grund? Mein Alter? Falsche Ernährung? Nicht gut drauf? Ich hatte keine Antwort.

Trotzdem blieb ich positiv. Obwohl ich die Schauergeschichten meiner Geschwister hörte – sie hatten alle Rollatoren, konnten schlecht schreiben, redeten langsamer, konnten sich nicht mehr selbst versorgen, bekamen Pflegestufen 1, 2 oder 3 und Invalidenrente – dachte ich damals, dass ich wohl als einziges der sechs Kinder nach meiner Mutter käme, das entsprechende Gen nicht hätte und Ataxie bei mir nicht ausbrechen würde. Ich bin der Jüngste und Größte, mein Vater war klein und kräftig, meine Geschwister jedoch waren wie er gebaut.

Ich war also zufrieden mit meinem Leben, denn nichts hatte sich bemerkbar gemacht.

Okay, ich konnte nicht mehr spurten! Doch irgendwann war selbst das Joggen immer schwieriger geworden, ich wurde sehr schnell müde und meine Beine wollten einfach nicht mehr so, wie ich es wollte. Außerdem lief ich immer breitbeiniger.

Das alles habe ich aber weggewischt und mir gesagt: „Das sind normale Alterserscheinungen" (mit 44 Jahren) – oder ich schob es auf andere Ursachen, die einseitige Ernährung … oder was auch immer.

Doch ich wurde eines Besseren belehrt, als ich im Sommer 2014 vier Wochen lang meine Mutter besuchte. Ich lebte damals in Kopenhagen/Dänemark. Zuhause bei meiner Mutter habe ich hart gearbeitet, um die verkohlten Balken, den Schutt und das Geröll einer abgebrannten Scheune wegzuschaffen. Mehr als 200 Balken hatte ich alleine „gewuppt" und Schutt und Geröll mittels Schaufel und Schubkarren auf einen Haufen verfrachtet. Man sollte meinen, dass man davon Muskeln bekommt und fitter wird.

Doch ich wurde Tag für Tag schwächer, bis ich eines Tages das Gleichgewicht verlor und ein paar Mal hinfiel. Da wurde mir klar: „Jetzt kommt's!" Ich hatte bis dahin natürlich den Mund gehalten, nichts meiner Mutter gesagt, und schon lange nichts meinen Geschwistern, denn sie alle waren ja so heilfroh und sich gewiss, dass ich keine Ataxie bekommen würde – ich käme ja nach meiner Mutter, hätte daher kein vererbtes Gen.

Zurück in Kopenhagen erzählte ich sofort alle Einzelheiten meinem Chef, der zuerst schockiert war, obwohl er noch nicht wusste, wie grausam Ataxie sein kann. Erst ausführliche Erklärungen und die Fallbeispiele meiner Geschwister machten ihm klar, wie sich mein Zustand bald entwickeln würde.

Ich hatte einen Verkaufs-Job im Büro, also nicht unbedingt körperliche Arbeit, aber es ging mir Tag für Tag schlechter: müde, schwache Koordination der Beine – und Treppensteigen oder abwärts gehen war ein Ding der Unmöglichkeit, ohne mich mit den Händen abzustützen und langsam zu gehen.

Mitte November hatte ich endlich einen Termin im Krankenhaus für eine Blutuntersuchung, um festzustellen, ob ich das Gen habe, welche Art von Ataxie es ist und welche Auswirkungen sie ungefähr haben wird. Am 23. Dezember 2014 bekam ich das Ergebnis: positiv! Ja, ich bin Genträger. Und das Gen ist aggressiv und progressiv, d.h. es macht definitiv krank und mein Zustand wird sich immer weiter verschlechtern.

Zu diesem Zeitpunkt wusste ich schon, dass Ataxie bei mir ausgebrochen war, ich konnte nicht mehr Fahrrad fahren, das Laufen war fast unmöglich geworden, meine Beine spielten einfach nicht mehr mit, und meine Balance war fast verschwunden: mich im Stand umzudrehen, war ein Ding der Unmöglichkeit. Und ich musste ca. 12 Stunden pro Tag schlafen! Nachts ca. 10 Stunden und dann nochmals 2 Stunden am Nachmittag – ohne diesen Schlaf wäre ich schier umgekippt.

2) Was ist Ataxie?

Bei meiner Blutprobe fand man durch ein ein molekulargenetisches Testverfahren namens PCR heraus, dass bei mir spinozerebelläre Ataxie (SCA) vorhanden ist, d.h. es wurde bei mir eine Kleinhirndegeneration bestätigt. Die Erkrankung wird nach medizinischer Auffassung genetisch vererbt, laut Statistik sind 50 Prozent der Nachkommen ebenfalls Genträger. Ich selbst habe keine Kinder, aber drei meiner Geschwister haben jeweils zwei bzw. drei Kinder.

Ich machte mich nun daran, genau herauszufinden, welche Symptome mit der Ataxie einhergehen, wann und warum die Krankheit ausbricht und vor allem, was dieses Gen in meinem Körper eigentlich macht. Zuerst klärte ich einmal die Bedeutung der grundlegenden Begriffe für mich auf. Die Krankheit heißt „spinozerebelläre Ataxie" – was haben diese Wörter zu bedeuten?

„Spino" ist offensichtlich das Rückgrat. Was ist da drin? Die einzelnen Knochenwirbel sind rautenartig gewachsen, haben jedoch ein Loch in der Mitte. Durch dieses Loch verlaufen viele Lebensadern, die zur Hüfte und den Beinen gehen: Blutgefäße, Adern und Nervenstränge.

Aha! Da sind wir dem Hund auf die Spur gekommen, da gehen diejenigen Nerven durch, die meine Beine schwächeln lassen, müde machen und keine Treppen steigen lassen.

Dann kommt „zerebellär" – das kommt von Zerebellum, das ist das Kleinhirn, jener Teil des Gehirns, der sich unterhalb des Großhirns in der hinteren Schädelgrube befindet. Das Kleinhirn erfüllt wichtige Aufgaben bei der Steuerung der Motorik: es ist zuständig für Koordination, Feinabstimmung, unbewusste Planung und das Erlernen von Bewegungsabläufen. Zudem wird ihm neuerdings auch eine Rolle bei zahlreichen höheren kognitiven Prozessen zugeschrieben.

Und zum Schluss „Ataxie" – das ist offensichtlich Griechisch und heißt, dass etwas „nicht in Ordnung" ist. Das bedeutet, dass das Kleinhirn entweder einen zu schwachen, einen korrumpierten oder gar keinen Impuls die Nervenstränge entlang schickt und so „Unordnung", also unkoordinierte Muskelbewegungen bewirkt.

Interessanterweise verursacht diese Krankheit keine Schrumpfung oder Zerstörung der Zellen, die einzige Ursache dieser Krankheit scheint im Kleinhirn zu sitzen.

Jetzt lauten meinen Fragen: Kann ich diese Unordnung wieder in Ordnung bringen? Was muss ich tun, um mein Kleinhirn wieder funktionsfähig zu machen? Kann ich das Kleinhirn irgendwie beeinflussen?

Nein, wohl nicht wirklich. Tabletten, Ernährung, Spritzen, psychologisch adressieren oder sonstiges „Zeug" sind angeblich nicht in der Lage dazu, die Krankheit positiv zu beeinflussen.

Okay, das nächste Glied in der Kette sind die Nervenstränge und das zentrale Nervensystem. Wie kann ich diesen Apparat beeinflussen?

Ich bin kein Freund von Tabletten, Spritzen oder psychologischen Firlefanz. Welche Alternativen gibt es? Nach langem Grübeln hatte ich eine glänzende Idee!

Das Nervensystem wird stimuliert durch Akupunktur! Ja, es gibt Akupunktur, und die Nadeln stimulieren die Nerven, wo immer man sie einsticht. Es gibt Akupressurpunkte überall am

Körper – und wenn ich genügend Nadeln an den richtigen Stellen in meinen Körper hinein stechen lasse, dann stimulieren diese Nadeln mein durch die Ataxie geschwächtes Nervensystem. Wunderbar!

Einer meiner besten Freunde ist Akupunkteur, bei ihm machte ich für den nächsten Morgen einen Termin. Angekommen und erzählt, was ich habe, war er zuerst einmal schockiert und sagte: „Ich kenne diese Krankheit nicht, aber komme in zwei Tagen wieder, gleiche Zeit, und ich werde alles darüber herausgefunden haben."

Zwei Tage später sagte er: „Ich kann dir mit 80-prozentiger Wahrscheinlichkeit helfen!

WOW! Was für eine Aussage!

Er erklärte mir, wenn Leute kommen, die Wehwehchen hier und dort haben, oder brennende Schmerzen behandeln lassen wollen, dann kann er nicht immer garantieren, dass Akupunktur hilft. Doch bei Ataxie sei das 1:1, denn die Ataxie schwäche das Nervensystem und Akupunktur stimuliere das Nervensystem – das passe wie die Faust aufs Auge.

Er kannte auch schon die Punkte, wo er die Nadeln anwenden musste und sagte, dass ich gleich loslegen könne – ich solle auf die Bahre dort hinten und beide Schienbeine frei machen.

Sieben Tage lang, jeden Tag zwei zweistündige Sitzungen mussten vergehen, bis ich endlich eine Wirkung fühlte. Ja, es ging aufwärts, ich konnte besser laufen, ich konnte besser Treppen steigen und abwärts gehen und ich konnte mich auf der Stelle drehen. Nach vier Wochen konnte ich schon wieder Fahrrad fahren und nach drei Monaten konnte ich sogar freihändig Fahrrad fahren – ein absolutes Unding für einen „Ataxie-Genträger".

Mein Interesse an Ataxie war jedoch noch nicht gestillt.

3) Welche Symptome gibt es?

Ich war arbeitslos, also hatte ich daher genügend Zeit, mich im Internet über die Symptome schlau zu machen. Die 7 Hauptsymptome gemäß „netdoktor.de" sind:

- Gefühl der Instabilität im Stehen, Sitzen oder Gehen,

- breitbeiniger, taumelnder Gang mit ungleichmäßigen Schritten,

- Probleme, abwechselnde Bewegungen nacheinander auszuführen, zum Beispiel das Drehen der Handfläche nach oben und unten (Dysdiadochokinese),

- Zittern der Hände, wenn sie eine Bewegung ausführen möchten, das umso stärker wird, je näher man dem Ziel der Bewegung kommt (wenn beispielsweise die Hand mit einer Kaffeetasse kurz vor Erreichen des Mundes immer stärker zittert),

- Probleme beim Schreiben oder andere motorische Störungen,

- Augenbewegungsstörungen (Nystagmus),

- Sprechstörungen mit abgehackter Sprache (Dysarthrie).

Ich hatte sie ALLE!

Und das innerhalb von ein paar Monaten!

Alsdann habe ich herausgefunden, dass es drei Stufen der Ataxie gibt:

Die erste Stufe ist „schlafend", das heißt, dass SCA-1 (Spinozerebelläre Ataxie, Typ 1) vor dem 38. bis 40. Lebensjahr nicht auftreten wird (es gibt ungefähr 30 verschiedene Typen der Ataxie).

In der zweiten Stufe treten Symptome in Erscheinung. Die oben aufgezählten Symptome zeigen sich also mehr und mehr. zuerst wenig, dann immer stärker.

Die dritte Stufe ist der vollständige „Ausbruch" der Krankheit mit dem vollen Spektrum ihrer krankhaften Erscheinungen – das geht manchmal langsam, manchmal schnell.

Ich war offensichtlich in der zweiten Stufe, konnte aber täglich zusehen, wie mein Körper immer mehr schlapp macht. Ich war am Boden zerstört und wollte wissen, welche Behandlungsmethoden es derzeit weltweit gibt.

Es war hoffnungslos, denn ich las wieder und wieder unter „Therapien" das Folgende: „Es ist meist schwierig, eine Ataxie symptomatisch mit Medikamenten zu behandeln. Nur wenige spezielle Ataxieformen existieren wirksame Therapien."

Unter „wirksam" verstehe ich „verbessernd" oder „stagnierend" oder gar „heilend", aber dem war nicht so. Dieses schöne, hoffnungsvolle Wort „wirksam" war meist zu einer Behandlungsmethode minimiert worden: Physiotherapie!

Man liest, dass bei einigen Formen von Ataxie eine regelmäßige Physiotherapie förderlich sei, bei der mit einem Therapeuten koordinationsfördernde Übungen erlernt werden, die dann zuhause täglich wiederholt werden.

Naja, ob das wirklich hilft, bleibt abzuwarten, denn ich hatte ja schon fünf Geschwister, die mir schön brav ihre verschriebene „Physiotherapie" vormachten, die allesamt nicht halfen!

Was ist mit ihnen passiert?

4) Warum sind meine fünf Geschwister davon betroffen?

Wie gesagt, diese „modernen Therapien" wurden von meinen Geschwistern brav angewandt. Doch ich sah schnell, und sie pflichteten mir einstimmig bei, dass alles unnütz war. Die von unserem Vater vererbte Ataxie verschlechterte sich auf täglicher Basis mehr und mehr. Keine Therapie half, bei niemandem, im Gegenteil.

Im Folgenden will ich hier erzählen, wie bei jedem meiner Geschwister Ataxie ausbrach, welche Symptome sie hatten und wie der gegenwärtige Stand der Dinge ist:

Meine älteste Schwester, geboren 1960, hatte stets Schwierigkeiten mit ihrer Hüfte. Sie bekam mit 37 Jahren (1997) zwei künstliche Hüftgelenke. Sofort danach hatte s e Symptome von Ataxie, doch die Ärzte dachten, dass bei der Operation etwas falsch gelaufen sei und sie deswegen nicht gut laufen könne. Viele Untersuchungen wurden unternommen, doch alle schauten auf das künstliche Hüftgelenk und übersahen es, eine objektive Diagnose der vorhandenen Symptome zu erstellen.

Erst als sie im März 1998 von ihrem Hausarzt zu einem Neurologen im Universitätsklinikum Tübingen überwiesen wurde, konnte mittels des dort unternommenen Bluttest festgestellt werden, dass sie Genträger der spinozerebellären Ataxie ist. Natürlich wurde sie aufgeklärt, was das bedeutet, was die Krankheit ist – und welche Auswirkungen das auf die anderen Geschwister und ihre Kinder haben wird.

Sie war schockiert!

Seither erging es ihr immer schlechter, gesundheitlich wie auch körperlich. Heute wiegt sie gerade noch 36 Kilo, sitzt im Rollstuhl, kann nicht mehr laufen, hat Pflegestufe 3 und muss täglich von meiner Mutter gepflegt werden, da sie immer noch in ihrem rollstuhlgerechten Bungalow lebt.

Meine zweitälteste Schwester, geboren 1961, hatte die ersten Symptome im Jahre 2000. Damals lebte sie in Erlangen, leitete eine Übersetzerfirma mit 20 Angestellten und war gesundheitlich topfit. Sie flog Drachen, fuhr Motorrad, machte überall Urlaub und hatte gerade ihr zweites Kind zur Welt gebracht.

Doch dann kamen die Symptome immer stärker zum Vorschein, sie musste länger schlafen, war tagsüber müde, die Feinmotorik ließ nach, das Sprechen war nicht mehr so deutlich. Sie musste Mitarbeiter entlassen und die Firma verkleinern, da sie es einfach nicht mehr schaffte und die körperliche Anstrengung zu groß wurde.

Jetzt ist die Firma nur noch zwei Mann stark – ihr Mann und eine Angestellte –, sie selbst kann nicht mehr arbeiten und ist an einen Rollstuhl gefesselt. Sie kann nicht mehr laufen, nicht mehr sprechen – nur noch Nicken und Laute von sich geben, die entweder „ja" oder „nein" bedeuten – und wechselt nur noch zwischen vier Plätzen in ihrer Wohnung: Esszimmer-Stuhl, Rollstuhl, Toilette, Bed.

Dann kommt mein ältester Bruder, geboren 1963, der im Jahre 1998 von meiner Mutter und unser aller Einverständnis, unser Haus (erbaut 1895) übergeben wurde. Warum? Er war handwerklich sehr begabt, hatte durch seinen Beruf als Weber und einem gut laufenden

Netzwerk-Marketing viel Geld verdient und war daher in der besten Position, dieses Haus auf Vordermann zu bringen.

Er hat ein neues Dach aufgesetzt, das Haus innen völlig neu ausgebaut, alles schön isoliert, den Garten neu gestaltet, die Scheune zu einer Garage und einem Bauern-Museum umgebaut, davor einen Spielplatz für seine und die Kinder des Dorfes gebaut sowie Hecken und Bäume gepflanzt. Und das in nur acht Jahren. Denn dann war's aus: er bekam die ersten Symptome.

Er lief breitbeinig, konnte sich nicht mehr klar ausdrücken und hat deswegen ganz langsam gesprochen. Seine Balance war gestört und sein Verstand hat nicht mehr so mitgemacht, wie er wollte – das war für ihn das grausamste!

Acht Jahre später (2016) wurde er in ein Altersheim verlegt, war mehr und mehr auf einen Rollator angewiesen, ließ sich am Ende weder waschen noch rasieren, war abgemagert auf 50 Kilo und hatte fast alle Zähne verloren. Gerade erst vor kurzem ist er an Organversagen gestorben.

Meine jüngste Schwester, geboren 1965, ist am fittesten von allen. Warum? Ihr Mann ist gelernter Pfleger und ihre zwei Söhne motivieren sie und helfen ihr, wo immer sie geht und steht, oder was immer sie tut. Sie bekam Ataxie im Sommer 2011 – und binnen sechs Monaten war sie zu 100 Prozent invalide. So schnell ging das!

Jetzt, sieben Jahre später, hat sie drei Rollatoren, einen in der Wohnung, einen vor dem Haus und einen im Auto, denn sie ist gerne mobil und sagt, sie lasse sich nicht unterkriegen. Die Wohnung hat Handläufe, so dass sie sich in ihrer Wohnung von Handlauf zu Handlauf ohne Rollator bewegen kann. Sie magert jedoch ab und wiegt etwas über 40 Kilo.

Mein jüngster Bruder wurde 1966 geboren. Er war Filialleiter einer Blumenverteilfirma in Leipzig, hatte dort eine Eigentumswohnung, Frau und Kind – und alles war in bester Ordnung, bis zu jenem Tag, als er 2006 einen schwerwiegenden Unfall auf der Autobahn Nahe Bamberg hatte.

Schädelbasisbruch, gebrochene Rippen, wochenlang Intensivstation. Er wurde nach ca. drei Monaten entlassen. Nach diesem langen Liegen wurde ihm Physiotherapie verschrieben, die er durchzog. Doch er erholte sich nicht. Warum?

Der Physiotherapeut war verblüfft und konnte sich das nicht erklären. Doch dann erfuhr er von dem Genbefund unserer ältesten Schwester, und es wurde sofort ein Bluttest unternommen. Er wurde als Genträger der spinozerebellären Ataxie diagnostiziert.

Er hat sich seither nicht mehr erholt. Er hatte aufgrund der gebrochenen Rippen Wasser in der Lunge, wäre daran fast gestorben und war deswegen auf der Intensivstation gelegen – er wusste nur zu gut, dass all dies die Ataxie verursacht.

Seit drei Jahren ist er nun in einem Pflegeheim, und es wird immer schlimmer. Da er weder essen noch trinken konnte, wurde ihm vor ein paar Wochen eine Kanüle am Bauch angesetzt, über die er Nahrung und Wasser zu sich nimmt. Er wird sozusagen künstlich ernährt. Was für ein Leben?!

Die Essenz von all dem ist, dass es KEINE wirksame Therapie gibt, die Ataxie heilen oder verhindern kann. Nun könnte man sich fragen, wieso machen deine Geschwister nicht das, was du getan hast? Wieso lassen sie sich nicht helfen oder nehmen sie Hilfe an?

Meine älteste Schwester ist Pädagogin und erzählte mir vor ein paar Jahren von der sogenannten „Beratungsresistenz", die Menschen für die besten Tipps und Impulse unempfänglich macht.

Das habe ich leider bei meine Geschwistern gesehen: sie haben aufgegeben! Sie wollten nach ein paar Therapieversuchen, die nichts gebracht haben, nicht mehr weiter machen – und haben sich als einzige Verteidigung hinter einer Beratungsresistenz verschlossen.

Ich kann das nicht empfehlen!

5) Jetzt ist sie ausgebrochen, was muss ich tun?

Meine Empfehlung lautet, die Erkrankung nicht einfach hinzunehmen!

Ich bin im Januar 2015 der Ataxie-Vereinigung Dänemarks beigetreten, um Rat zu suchen. Doch das einzige, was ich sah, waren viele Ataxie-Fälle, die immer kränker wurden, je länger das Gen im Körper wirksam war.

Dem Vorstandsvorsitzenden erzählte ich von der Akupunktur, die ich seit einigen Wochen immer pünktlich Mittwochs um 9:30 Uhr wahrnahm und welche positive Wirkung sie zeige. Ich machte dies immer zur gleichen Zeit, denn einen Körper konditioniert man dadurch, indem man immer zur gleichen Zeit dieselbe Behandlung durchführt. Und es hat gewirkt!

Aber sie, die Vorstandsvorsitzende der Ataxie-Vereinigung, war misstrauisch und plädierte darauf, dass ich neben dem „Nadel-Stechen" (wie sie es ausdrückte) auch 2-3 mal die Woche eine Stunde Physiotherapie versuchen solle.

Doch meine Beobachtung war gewesen: Je mehr ich mich körperlich anstrenge, desto müder und schlapper wurde ich – und umso stärker wurden die Symptome.

DIESE ERKENNTNIS WAR SEHR WICHTIG!

Ich hatte es mir zur Gewohnheit gemacht, mich immer dann horizontal hinzulegen, sobald ich müde wurde. Also mich nicht über ein bestimmtes Maß hinaus anzustrengen, sondern genau das Gegenteil zu tun: mich hinzulegen und weniger körperliche Anstrengung zu unternehmen.

Und siehe da, mittels dieser neuen Gewohnheit – entgegen der modernen Therapiemethode – plus der einmal pro Woche stattfindenden Akupunktur ging es mir von Woche zu Woche besser.

6) Die erste Intensiv-Behandlung: Akupunktur

Meine wöchentlichen Akupunktur-Sitzungen verliefen in der Zickzack-Bewegung nach oben.

Ich bekam Mittwochs Akupunktur, mir ging es bedeutend besser, ich konnte besser laufen, die Balance war fast zurückgekehrt, die Müdigkeit weniger – doch im Laufe der nächsten sieben Tage verschlechterte sich wieder, teils rapide.

Aber meine körperliche Kondition sank nie zu dem vorherigen Ausgangspunkt ab – das war NIE der Fall – es wurde sukzessive besser. Das empfand ich als eine große Befreiung!

Ende März 2015 war die Jahreshauptversammlung der Ataxie-Vereinigung, bei der ich mich als Sprecher angemeldet hatte, um über meine Erfahrungen mit der Akupunktur zu sprechen. Dem wurde stattgegeben. Vor einem Publikum von 40 Leuten konnte ich alles zum Besten geben, was ich in den letzten drei Monaten durch Akupunktur erfahren habe.

Zuerst erzählte ich davon, dass alle meine fünf Geschwister SCA-1 von meinem Vater vererbt bekommen hatten und auch ich Genträger bin. Das Gen hätte eine Wiederholungszahl von 46, was bedeutet, dass es aggressiv und progressiv sei – es werde also seinen Weg finden, den Körper krank und immer kränker zu machen.

Vom ersten Tag an, als ich hörte, dass dieses Gen „fordere", meinen Körper krank zu machen, habe ich damit nicht mit übereingestimmt. Ich sagte mir: „Diese Krankheit werde ich NICHT bekommen, dieses Gen wird NICHT gewinnen – ICH werde gewinnen, ICH BIN DER BOSS!"

Als Erstes versuchte ich zu verstehen, was die einzelnen Worte dieser Krankheit bedeuten. Was ich gefunden habe (siehe oben). Kurz gesagt, alles was diese Krankheit bedeutet, ist ein „Nicht-in-Ordnung-bringen", verursacht durch das Kleinhirn und die Nerven!

Wenn also dieses Nicht-in-Ordnung-bringen seinen Ursprung im Kleinhirn hat und dieses mit den Nerven verbunden ist, dann betrifft es das zentrale Nervensystem. Das heißt, dass die Kommunikationswellen durch das zentrale Nervensystem in irgendeiner Weise behindert werden. Ich schlussfolgerte, dass das Kleinhirn entweder einen verminderten, einen falschen oder einen korrumpierten Befehl über die Nervenkanäle sendet.

Was auch immer es ist, es erschien mir mehr als nur logisch, dass jede „künstliche" Stimulierung dieser Kommunikationswellen im zentralen Nervensystem nützlich sein würde.

Eine „innere Behandlung" musste ausgeschlossen werden, da die Wirkung von Pillen, Spritzen, Nahrungsmitteln oder anderen Mittelchen zu lange dauern würden, bis die Substanzen schließlich das Kleinhirn oder die Zellen der Nervenkanäle erreichen und beeinflussen würden. Also musste eine „externe Behandlung" gefunden werden – und meine erste Idee war Akupunktur!

Akupunktur arbeitet mit Nervenkanälen unter Verwendung eines alten chinesischen Systems von Akupunkturpunkten, die sich über den ganzen Körper in der Haut befinden. Im Lauf der Geschichte wurden diese Akupunkturpunkte sehr erfolgreich angewendet, um Schmerzen zu lindern oder sogar zum Verschwinden zu bringen.

Also dachte ich mir: Warum nicht ausprobieren?!

Ich habe es ausprobiert – und siehe da, es hat genauso funktioniert, wie ich wollte!

Bevor ich mit dieser Behandlung begann, war mein Gang nicht gerade, mein Gleichgewicht war schlecht und ich war schläfrig. In der ersten sieben Tagen hatte ich täglich eine zweistündige Sitzung, dann jeden Mittwoch eine einstündige Sitzung – und mein Zustand verbesserte sich von Woche zu Woche!

Ich mache das jetzt seit Januar 2015, und es funktioniert so gut, dass mein Gang sehr gut ist, was bedeutet, dass ich geradeaus laufen kann und mein Gleichgewicht fast normal ist. Mein Schlafdrang von 10 bis 12 Stunden hat sich auf 8 bis 9 Stunden täglich verkürzt.

Wenn man Bilder des zentralen Nervensystems und des Akupunktursystems vergleicht, kann man etwas Bemerkenswertes erkennen:

BEIDE BILDER SIND FAST IDENTISCH!

Wenn diese Kommunikationswellenkanäle, die vom Zentralen Nervensystem verwendet werden, „extern" durch Akupunktur-Nadeln stimuliert werden, dann wird die interne „Hemmung" (die vom Kleinhirn ausgeht) aufgehoben. Und so haben wir wieder fließende Nervenkanäle!

Die Akupunktur, die ich verwendet habe, heißt ACUNOVA (www.acunova.dk). In dieser Firma wurde ein neues Verfahren der chinesischen Akupunktur entwickelt, das den Namen „Akupunktur 2000" trägt.

Auf der Webseite heißt es: „Sie ist einzigartig in der Schmerzbehandlung. Unheilbare Schmerzpatienten sind die täglichen Besucher, die zur Behandlung kommen. Bei 300 Menschen – die ‚alles unter der Sonne' ausprobiert hatten, wurden mit den folgenden Ergebnissen behandelt: Es gab nur 29 Patienten (von diesen 300), die im Verlauf einiger Behandlungen keine Linderung der Schmerzen verspürten."

Dann ging es weiter mit meiner Rede.

7) Heilende Magneten

Ich fuhr fort mit der Aussage: „Dann mache ich auch noch etwas anderes!"

Denn ich hatte im Internet nicht nur die Wortdefinitionen und viel Weiteres über die Ataxie herausgefunden, sondern auch nach Alternativmedizin Ausschau gehalten.

Und siehe da: Ich war fündig geworden!

Ich habe mir ein Magnetkorsett gekauft, das wirklich gut ist. Dieses Korsett hat 20 kleine, aber starke, im Lendenbereich sitzende, eingebaute Magneten, die jeweils eine Stärke von über 10.000 Gauss haben. Gauss hieß der Wissenschaftler, der gemessen hat, wie weit ein Magnetfeld mit welcher Intensität reicht. Die Magnete tragen ihre Energie dauerhaft, ohne dabei schwächer zu werden.

Ärzte haben in einem deutschen Universitätsklinikum 194 Patienten auf die Wirksamkeit solcher Magneten getestet. Die Patienten waren zwischen 45 bis 80 Jahre alt und hatten Schmerzen in Gelenken oder Hüften.

Es wurden drei Gruppen gebildet. Die erste trug ein Armband mit normaler magnetischer Stärke, die zweite ein Armband mit schwächerer magnetischer Stärke und die dritte hatte ein Placebo-Armband.

Auftreten und Schwere der Symptome wurden regelmäßig bei allen Teilnehmern überprüft und protokolliert. Nach dem Ende dieser zwölfwöchigen Studie zeigten Patienten mit einem normalen Magnetarmband eine signifikante Abnahme ihrer Schmerzen. Patienten mit einem schwächeren Magnetarmband oder der Placebo-Gruppe zeigten keine Verbesserung.

Diese Ärzte sagten und empfahlen: Patienten, die Magneten verwenden, sollten sie vier Monate lang 24 Stunden am Tag tragen. Dies ist eine rein willkürliche Richtlinie, die sich jedoch bewährt hat. Will man also Magnete gegen die schlechte Koordination von Ataxie einsetzen, sollte diese Behandlung über einen längeren Zeitraum erfolgen.

Ich habe mir ein solches Korsett mit mehreren Magneten gekauft und es jeden Tag ca. 10 Stunden getragen. Ich kann sagen, dass drei Dinge passiert sind:

1) Mein Gang ist besser, da ich eine körperliche Stärkung um die Hüfte trage.

2) Die schlechte Koordination der Beinnerven wurde verbessert – so sehr, dass ich ganz klar zwischen „Korsett an" und „Korsett ab" unterscheiden kann, es ist so offensichtlich.

3) Es verbessert die Verdauung, regt den Darm und die allgemeine Durchblutung an.

Kurzum, ich bin lebendiger, fühle immer Wärme um meinen Körper und brauche weniger Schlaf. Also ich kann dieses Korsett wärmstens empfehlen!

Mein Korsett war ein magnetischer Rückengurt mit 20 starken Magneten je 10.000 Gauss, sie sind Bi-Polar, was heisst sie haben ein +/- Pol-Magnetfeld auf einer Seite des Magneten, mit drei elastischen Stangen für zusätzlichen Halt, ein zweifaches Klettverschlusssystem für hervorragende Passform, es war in zwei Größen erhältlich, bis zu 86 cm oder 87-120 cm Taillenumfang.

Das alles will ich Ihnen als Hilfe vermitteln. Ich weiß, dass das Internet mit Aussagen der Marke „Ataxie ist unheilbar" gespickt ist, aber dem sollte man keinen Glauben schenken. Diese zwei Behandlungen zeigen und belegen, dass man NICHT glauben muss, was das Internet sagt.

Der Hauptgedanke, mit dem man vorgehen sollte, ist: SIE SIND DER CHEF!

Das bedeutet: IM KÖRPER MANIFESTIERT SICH NUR DAS, WAS SIE DENKEN UND GLAUBEN!

Also bitte glauben Sie daran, dass Ataxie effektiv angehalten, blockiert und verbessert werden kann, so dass man normal herumlaufen und sprechen kann.

Nach dieser Rede wurde ich überrannt!

In den kommenden Wochen haben sich ca. 10 Mitglieder angemeldet und Akupunktur ausprobiert – und sie hat in jedem Fall geholfen. Ich konnte es leider nicht mehr weiterverfolgen, da ich aufgrund meiner Rückkehr nach Deutschland aus dem Verein ausgetreten bin.

8) Deine Krankheit kommt aus dem Mund

In Deutschland habe ich einen Arzt aus Düsseldorf kennengelernt, der große Erfahrung in der Neurologie aufweisen konnte. Er kannte Ataxie und ihre verschiedenen Typen sehr genau. Er wollte nicht wissen, *ob* ich Symptome habe, sondern wie stark die einzelnen Symptome schon fortgeschritten sind.

Ich erklärte ihm, dass meine fünf Geschwister Genträger sind und an der derselben Krankheit schwer erkrankt sind, dass es bei ihnen aber noch viel schlimmer ist. Er fragte mich, wieso ich nicht meine bisherigen Behandlungsmethoden, die offensichtlich eine positive Wirkung zeigen, an meine Geschwister weitergegeben habe? Ich antwortete, sie seien beratungsresistent und nähmen keinen Tipp von mir an.

Das tat ihm sehr leid, denn er könne durch meine Erfahrungen sehen, dass Akupunktur und das Magnetkorsett helfen. Er fragte, was ich denn essen und trinken würde. Ich hatte alles schön brav aufgezählt, als er erwiderte, worauf ich ab sofort verzichten solle: Kaffee, Orangensaft, wenig bis kein Fleisch, wenig bis kein Weißbrot, dafür viel mehr Salat, Obst und Gemüse aller Art – jedoch kein Obst oder Gemüse, das „sauer macht".

Ich fragte ihn, weshalb? Und er sagte:

„EIN GEN VERWENDET SÄURE UND GIFTSTOFFE IM KÖRPER, UM DEN KÖRPER KRANK ZU MACHEN!"

Das war eine neue Regel für mich! Er erklärte mir, wie sich die pH-Skala verhält und dass ich unbedingt alles nachlesen sollte, was es darüber zu wissen gibt. Kurz erklärt ist die Einteilung so:

> pH < 7 ist als saure Lösung erkennbar
>
> pH = 7 ist als neutrale Lösung erkennbar
>
> pH > 7 ist als basische (alkalische) Lösung erkennbar

Ich war sofort bereit für eine Ernährungsumstellung, denn ich wusste, wenn ich einen basischen Körper haben möchte, dann hat das Ataxie-Gen keine Chance mehr. Also habe ich sofort frisch eingekauft und meine Essensroutine völlig umgestellt: viel Salate und Fisch, frischen Ingwer, Knoblauch, Whey-Protein (Molke) und gefiltertes Wasser.

Doch das war nicht alles: Er fragte nach meinen Zähnen. Ob ich denn Füllungen hätte. Ich sagte: „Ja, eine Menge, mindestens 10 schöne Amalgam-Füllungen, die ich schon vor 20 Jahren bekommen habe und die immer noch halten." Wie man sehen kann, war ich stolz auf meine Amalgam-Füllungen.

Er sagte, dass sie alle raus müssten, denn „DEINE KRANKHEIT KOMMT AUS DEM MUND!"

Ich fragte, was das heiße. Er meinte, dass im Amalgam eine bestimmte Menge Quecksilber enthalten sei. Quecksilber sei Gift, und dieses Gift verwende das Ataxie-Gen primär, um den Körper krank zu machen.

Ich habe natürlich sofort einen Termin beim hiesigen Zahnarzt vereinbart. Dieser hat in zwei Runden alles Amalgam herausgebohrt (mit starkem Sauger und viel Wasser, sodass kein Quecksilber-Dampf in die Lunge gelangt) – und mit Hartplastik neu versiegelt.

Und dann passierte ein Wunder: SOFORT DANACH KONNTE ICH GERADE LAUFEN!

Sobald das Amalgam weg war – also das Gift, welches das Gen verwendet, um den Körper krank zu machen – konnte ich mit geraden Schritten die Zahnarztpraxis verlassen. Meine Balanceschwierigkeiten waren weg, nichts mehr! Das war wie ein Wunder!

Ich rief meinen Arzt an, um über dieses Wunder zu berichten, und er war mehr als begeistert. Er freute sich mit mir, dass ich an ihn geglaubt hatte und dass es genauso war, wie er es vorausgesagt hatte.

Das Gift war weg, also musste nun noch die Säure weg.

9) Mythos Kokosnussöl

Ich erzählte ihm, wie ich meine Ernährung umgestellt hatte. Nachdem er alles für gut befunden hatte, fragte er, ob ich Kokosnussöl zu mir nehmen würde? Ich meinte „nein", worauf er erwiderte, dass ich ab sofort drei Esslöffel pro Tag einnehmen solle: morgens, mittags, abends – immer vor dem Essen auf nüchternen Magen. Das würde mir helfen!

Ich habe mich sofort im Internet schlau gemacht, was Kokosnussöl betrifft und bin fündig geworden.

Mutter Natur ist in der Art, was und wie sie anbietet, unglaublich großzügig – sie bietet eine Fülle von Obst und Gemüse an, die reich an Vitaminen, Mineralien und Nährstoffen sind, um unseren Körper zu ernähren, so dass wir ein langes und gesundes Leben genießen können. Eine Frucht, insbesondere die Kokosnuss, ist so reich an ihren heilenden Eigenschaften, dass sie als „Baum des Lebens" bekannt ist.

Vor dem Zweiten Weltkrieg hatten die Menschen auf Inselstaaten wie den Philippinen eine Diät, die hauptsächlich aus Reis, Hackfrüchten, Gemüse und einem Überfluss an einem Ultra-Superfood bestand, der Kokosnuss. Die Kokosnuss ist ein sog. „funktionelles Lebensmittel" – reich an Vitaminen, Mineralien und Ballaststoffen, den wesentlichen errährungsphysiologischen Bausteinen für eine perfekte Gesundheit.

Seit Generationen hielten die Inselbewohner die Kokosnuss für das „Heilmittel für alle Krankheiten" und verzehrten das Kokosmark, die Kokosmilch und das daraus gewonnene Kokosnussöl täglich. Obwohl diese Diät sehr reich an gesättigten Fettsäuren ist, sind Erkrankungen wie Diabetes, Krebs und Herzkrankheiten praktisch unbekannt.

Philippinos und Inselbewohner wurden stattdessen mit einem schönen jugendlichen Teint, weicher und faltenfreier Haut und dem fast vollständigen Fehlen von Hautkrebs belohnt – trotz übermäßiger „Sonnenbelastung" während des ganzen Jahres – sowie mit reichlich guter Gesundheit.

Kokosnussöl hat vor allem gezeigt, dass es vor Viren, Bakterien, Infektionen, Krebs, Schilddrüsenkrebs und vor Gehirn- und Herz-Problemen schützt – es verschönert zudem die Haut und verbrennt sogar Fett!

Kokosnussöl ist ein gesättigtes Fett, voll von gesundheitsfördernden Eigenschaften – und ist in keiner Weise für hohe Cholesterinwerte, Übergewicht, Herzkrankheiten und die schlimmen Folgen fettreicher Ernährung verantwortlich.

Ich habe Kokosnussöl eingenommen wie von meinem Arzt verschrieben – und siehe da, es war wie ein Schmiermittel für meine Gelenke. Meine Knie taten vorher weh, jetzt nicht mehr. Ich hatte schlechte Verdauung, jetzt nicht mehr. Ja, selbst mein Denken hat sich verbessert. Klare und schnelle Gedanken fassen zu können, war für mich gang und gäbe, doch seitdem ich diese Symptome hatte, war mein Denken verlangsamt – dank Kokosnussöl nicht mehr!

Ich war und bin immer noch hellauf von Kokosnussöl begeistert!

10) Ist Ataxie eine psychosomatische Krankheit?

Mit Akupunktur, Magnetkorsett, Kokosnussöl und der Nahrungsumstellung mit dem Ziel, einen basischen Körper zu bekommen, hatte ich rund 80 Prozent meiner Gesundheit wiedererlangt – genau wie mein Akupunkteur es mir prophezeit hatte. Doch als ich ihn fragte, was denn die anderen 20 Prozent seien, sagte er:

DAS IST DER GEIST!

DIESE KRANKHEIT, ODER FAST JEDE KRANKHEIT, IST PSYCHOSOMATISCH!

Er hat in seiner immensen und langen Erfahrung als Akupunkteur immer wieder gesehen, wenn jemand nicht bereit ist, sich durch das Stechen der Nadeln helfen zu lassen, dass diese Nadeln dann auch nicht helfen – die Sitzung ist sinnlos, die Behandlung zwecklos.

Er sagte, Akupunktur habe bei mir nur deshalb angeschlagen, weil ich bereit gewesen sei, diese Krankheit zu bekämpfen: ICH war es, ICH – die Person, der Geist, die Seele – oder wie immer Sie es nennen wollen. Diese Aussage brachte mich dazu, weiter zu schauen als nur auf den Körper, und ich erwog die Möglichkeit einer psychosomatischen Ursache.

Laut Wikipedia stellt die psychosomatische Medizin die praktische Umsetzung der Psychosomatik in der Krankenbehandlung dar. Sie befasst sich mit Krankheiten und Leidenszuständen, an deren Verursachung psychosoziale und psychosomatische Faktoren (einschließlich dadurch bedingter körperlich-seelischer Wechselwirkungen) maßgeblich beteiligt sind. Ihre Aufgabe ist dabei die Erkennung, Behandlung (somatotherapeutisch, psychosomatisch-medizinisch wie auch psychotherapeutisch), Vorbeugung und Rehabilitation dieser Leiden.

Dort heißt es weiter: „Die Ursprünge der Psychosomatik lassen sich bis an die Anfänge der Medizin zurückverfolgen. In der Philosophiegeschichte gilt die Auseinandersetzung um das Leib-Seele-Problem seit der Antike als eine zentrale Frage. Auch schon im Buch der Sprüche Salomos im Alten Testament wird die Psychosomatik kurz erwähnt: ‚Ein fröhliches Herz bringt gute Besserung, aber ein zerschlagener Geist vertrocknet das Gebein.'"

Der Begriff Psychosomatik wurde 1818 von Johann Christian August Heinroth (1773–1843) geprägt. Heinroth versuchte als „Psychiker" jedes Krankheitsgeschehen in seinen psychischen, wie somatischen und lebensgeschichtlichen Gesamtzusammenhängen zu verstehen.

Neben großartigen Geistern wie Sigmund Freud gab es Wilhelm Reich, der nach körperlichen Wirkkräften suchte, die eine Widerspiegelung von Freuds Triebmodell sein sollten. Seine Arbeit führte später zur Entwicklung der Bioenergetik und zu den modernen körperpsychotherapeutischen Schulen, die sich auf die Behandlung psychosomatischer Leiden spezialisiert haben.

Das psychoanalytische Erklärungsmodell wurde bestimmend für einen bis heute verbreiteten Zweig der psychosomatischen Medizin. Eine Fülle weiterer Impulse kamen aus anderen tiefenpsychologischen Schulen, wie philosophisch-anthropologischen Ansätzen, psychobiologischen und psychophysiologischen Entwürfen, der Weiterentwicklung der Psychophysiologie (Psychoneuroendokrinologie und Psychoneuroimmunologie) und der

Systemtheorie nach Niklas Luhmann, die als ein „umfassendes soziales System, das alle anderen sozialen Systeme in sich einschließt" beschrieben und erklärt wird.

Spinozerebelläre Ataxie hat also – gemäß diesen Herren der Wissenschaft – einen sozialen oder/und traumatischen Ursprung.

Okay, wenn dem so ist, dann sollte ich schleunigst herausfinden, was das auf sich hat. Denn mit der Auflösung dieses Ursprungs könnte ich vielleicht die restlichen 20 Prozent beseitigen.

ATAXIE FÜR IMMER LOSWERDEN!

DAS WAR MEIN ZIEL!

11) Der psychosomatische Aspekt wurde aufgelöst

Da ich mich schon seit mehreren Jahren mit dem Studium über den Geist beschäftigt hatte, kam mir die Idee, mittels der in dieser Philosophie gefundenen und angebotenen Verfahren die letzten 20 Prozent – also die rein geistig-mentale Seite des Problems – anzugehen und den psychosomatischen Verursachungsaspekt zu lösen.

Durch ein bestimmtes Verfahren spürte ich, dass vergangene, traumatische Erlebnisse und Verluste sich auflösten und die Stärke der Ataxie-Erkrankung immer mehr abnahm.

Das einzige, was nach ca. einem Jahr noch übrig blieb, war das eine vergangene traumatische Erlebnis, das eine der Krankheit zugrundeliegende Geschehnis, der psychosomatische Verursachungsaspekt.

Durch ein bestimmtes Verfahren habe ich dieses Geschehnis (das vergangene traumatische Erlebnis) bzgl. meiner Ataxie-Erkrankung gefunden und ausgelöscht!

ES WAR WIE EIN WUNDER!

Danach ist das folgende passiert: ich stand von meinem Stuhl auf, ohne dabei meine Arme verwenden zu müssen, allein mit der Kraft in meinen Beinen!

DAS KONNTE ICH NOCH NIE!

Immer musste ich meine Arme zum Aufstehen verwenden, um mich hochzuschwingen.

DAS WAR WEG!

Ich ging in geradem Gang den Flur entlang – kein Zittern, kein Schwanken, keine Gleichgewichtsstörungen, nichts! Das gab es auch nicht!

Seit über 5 Jahren konnte ich nicht mehr geradeaus laufen.

UND JETZT GING DAS OHNE PROBLEME!

Etwas später ging ich die Treppen auf und ab und ich konnte es nicht fassen: ich konnte nur mit der Kraft meiner Beinmuskeln Treppen auf- und absteigen, und das alles, ohne meine Hände und Arme zu benutzen, mich hochzuziehen oder festzuhalten.

Ich konnte ohne Hilfe meiner Arme und ohne immense Nervenschmerzen in den Beinen NIE Treppensteigen. Doch dieser heftige, immerwährende Schmerz war WEG!

Diese neue körperliche Verfassung hielt bis jetzt an – über ein Jahr später – und ich bin mehr als überglücklich! Eigentlich geht es mir jetzt sogar besser als vor neun Jahren (2010), bevor die Krankheit ihre ersten schrecklichen Symptome gezeigt hatte.

ICH WAR GEHEILT!

DIE ATAXIE WAR VERSCHWUNDEN!

SIE WAR WEG!

12) Empfehlung

Abschließend möchte ich sagen, wie Sie das Obige verwenden können oder sollten.

Entweder Sie machen nur die Schritte der körperlichen, also der physischen Behandlung. Oder Sie machen beides, also zuerst die körperliche Behandlung, gefolgt von der geistigen Behandlung, um den psychosomatischen Aspekt zu finden und loszuwerden.

Zur körperlichen Behandlung gebe ich Ihnen hier eine kurze Zusammenfassung:

1) Zuerst Akupunktur, ganz viel bzw. über einen langen Zeitraum, immer zur gleichen Zeit, so dass der Körper konditioniert wird. Und erst aufhören, wenn Sie wissen, die Symptome sind so gut wie verschwunden und der Körper stabil.

    Die wichtigsten Punkte, um die Balance, die Beine und die gesamte Motorik zu stärken, sollte man 4-6 Nadeln am oberen Kopfende stechen, dann eine Nadel in die Mitte der Stirn, jeweils eine Nadel in eine der zwei Augenbrauen, und jeweils eine Nadel in die Unterseite der Grossen Zehe – der Akupunkteur weiss Bescheid, wo genau die Nadeln gestochen werden, denn es müssen immer die Nervenstränge getroffen werden, um dieselbigen zu stimulieren – das ist Sinn und Zweck des Ganzen.

2) Dann sollten Sie Ihre Nahrung umstellen: wenig Fleisch, wenig Weißbrot, aber viel Obst und Salate, Ingwer und Knoblauch, so dass Ihr Körper basisch wird oder bleibt und ganz wichtig: keinen Kaffee! Denn Kaffee tötet fast alle körpereigenen Vitamine für 2 Stunden und dann klingt es ab. Ich trinke kaffeeähnliche Getränke wie Malz-, Getreide- und Zichorienkaffee – sie können aus Kaffeewicke, Möhren, Dattelkerne, Traubenkerne, Erdmandeln, Spargel, Hagebutten, Vogelkirschen, Kartoffeln, Mandeln, Zuckerrüben und Adzukibohnen und gemälztes Getreide wie Roggen, Gerste und Hafer, Kletzen, Rüben und Lupinen bestehen.

3) Dann kalt gepresstes natives Kokosnussöl einnehmen, drei Esslöffel pro Tag, auf nüchternen Magen – denn darin sind natürliche Ketone enthalten. Ketone sind enthalten in: Grünes Blattgemüse wie Spinat und Salat, Blumenkohl, Zucchini und Brokkoli, Avocado und Oliven, Zuckerarmes Obst wie Blau- und Himbeeren, Walnüsse und Mandeln, Fisch, Fleisch, Eier oder Tofu und Tempeh, Joghurt, Quark und Käse mit hohem Fettgehalt und in Butter sowie Olivenöl.

    Ketone spielen in der organischen Chemie aufgrund ihrer vielfältigen Anwendungen und Eigenschaften eine wichtige Rolle. Sie sind wichtige Bausteine in der Synthese von vielen chemischen Verbindungen und dienen auch in biologischen Systemen als Energiequelle und Signalstoffe.

    Ketone können eine sofortige und nachhaltige Energiequelle für körperliche Aktivitäten liefern. Sie können dazu beitragen, Ihre Ausdauer zu erhöhen, die Regeneration nach dem Training zu verbessern und Muskelabbau zu verhindern.

4) Und dann sollten Sie ein Magnetkorsett mit mindestens 20.000 Gauss ca. 10 Stunden pro Tag tragen – hier der Link: http://www.mthmed.de/contents/de/d225.html#p11

Das Korsett trage ich hin und wieder, denn wenn diese starken Magneten in der Nähe der Lende und der Nieren, wo sehr viel Blut durchströmt, haben sie einen interessanten Effekt: irgendwie scheint es so, dass wenn das Eisen nach einiger Zeit des Tragens in den roten Blutkörperchen immer mehr leicht magnetisch ausgerichtet sind, dieser Magnetismus dann auf den Organismus als Ganzes wirkt und den Körper und seine Organe positiv beeinflusst.

Das ist alles.

Es klingt kurz und einfach, kann sich über Jahre hinwegziehen, ist aber sehr wirksam!

Was Sie bei der körperlichen Behandlung noch unbedingt wissen sollten ist, dass die Funktion des Kleinhirns (Cerebellum) aus drei Dritteln besteht und reguliert wird: das erste Drittel besteht und wird reguliert durch das Sehen, im zweiten Drittel wird die Balance durch den Ohrtunnel reguliert und das dritte Drittel sitzt im Kleinhirn selbst, das Hirn im Gehirn.

Ataxie verursacht, dass die Regulierung im Kleinhirn nicht mehr funktioniert – Sie sind also primär auf das Sehen und die Balance im Ohrtunnel angewiesen. Wenn eines oder mehrere dieser Drittel irgendwie „beeinträchtigt" werden, laufen Sie nur noch auf einem Drittel oder gar nichts. Das ist fast wie ein Vierzylinder-Motor, der nur noch auf einem Zylinder fährt – oder ganz ausfällt.

Genauer gesagt, passiert das folgende: wenn Sie im Dunkeln unterwegs sind, in etwas Unbeleuchtetes gehen müssen (Keller) oder gar Nachts unterwegs ist, dann fangen Sie plötzlich an zu Schwanken, die Balance scheint sehr beeinträchtigt und die Koordinationen der Muskulatur in den Beinen scheinen wie „weggepustet" zu sein.

Das kommt davon!

Oder, wenn Sie sich die Ohren zuhalten, die Ohren mit einer Mütze leicht verschließen oder durch Ohrenschmalz der Ohrtunnel verstopft ist, dann passiert das folgende: Ihre Balance ist weg, die Muskel-Koordination in den Beinen scheint wie weggeblasen zu sein und Sie müssen sich sofort festhalten!

Das letzte Beispiel ist Alkohol. Wenn Sie an Ataxie erkrankt sind und Alkohol trinken, und sei es nur ein kleines Gläschen Wein oder ein Bier, beeinträchtigt das sofort und direkt das Kleinhirn, die Sinne (reguliert durch das Kleinhirn) werden stumpfer als stumpf – mehr als „normal" aber wieso?

Nur ein paar Tropfen Alkohol werden bei Ihnen bewirken, dass alle drei Drittel der Funktionen des Kleinhirns ausgeschaltet sind und Sie sehen sich außerstande, irgendwo hinzugehen, irgendetwas zu sagen, mit den Augen etwas schnell abzuverfolgen, geschweige denn „nur" aufzustehen.

Mein Tipp an Sie ist also: keinerlei Alkohol zu trinken!

Doch Sie können Ihre Balance und die Koordination ab der Hüfte zu den Beinen üben, denn das habe ich getan. Sie sollten üben, mit einer Augenbinde (oder einfach mit geschlossenen Augen) versuchen langsam auf und ab zu gehen. Dann sollten Sie üben, mit zugehaltenen Ohren auf und ab zu gehen.

Und was zu empfehlen ist, Sie sollten sich von Ihrem lokalen, allgemeinpraktizierenden Doktor einmal pro Halbjahr den Ohrenschmalz aus den Ohren herauswaschen lassen. Schon ein kleiner Partikel verursacht Schwierigkeiten – es kostet nichts und Sie hören kristallklar sofort nach dem Auswaschen.

UND: UNTERNEHMEN SIE KEINE PHYSIOTHERAPEUTISCHEN ÜBUNGEN!

NIEMALS!

Wie oben schon erwähnt, ist bei einer Erkrankung durch Ataxie körperliche Tätigkeit sehr ermüdend. Sobald Sie also schwächeln, etwas müde werden, Ihre Augenlider nach unten drücken oder Sie sich hinlegen wollen…

DANN TUN SIE DAS!

Man legt sich immer horizontal irgendwohin. Egal ob es vier zusammengerückte Stühle sind oder ein bequemes Sofa. Kein Sessel, kein Stuhl, kein halbaufrechtes hinlegen, nein, immer horizontal. Und die Beine nicht anwinkeln.

Und jetzt kommen Ihre Augen!

Man hat oft die Idee, dass die Augenlider nach einer gewissen Zeit schwer werden und man deswegen schläfrig ist oder gar schlafen muss – das ist falsch.

Wenn Ihre Augenlider müde und schwer sind, dann setzen Sie sich gerade hin, schließen Sie ihre Augen für ein paar Sekunden oder eine Minute. Es ist sehr beruhigend. Die empfundene Hektik wird langsamer, die fast schmerzende Helligkeit wird ausgeschaltet und Sie empfinden extreme Ruhe und Zufriedenheit.

Wann immer Sie das Gefühl haben, Ihre Augen schließen zu wollen, machen Sie das!

Das zur körperlichen Behandlung.

Das habe ich alles getan!

Diese Schritte können Sie nur dann machen, wenn Ihre Ataxie-Erkrankung noch nicht zu weit fortgeschritten ist. Wenn Sie Symptome haben, sich auf einem Rollator fortbewegen und Sie die alltäglichen Dinge des Lebens (sich waschen, Kochen, Essen) immer noch bewältigen können, dann…

…UM HIMMELS WILLEN, TUN SIE ES!

Wenn ein Bluttest diagnostiziert hat, dass Sie Genträger sind, die obigen Symptome aufflackern oder gar das Leben immer ungemütlicher machen, dann sollten Sie diese Schritte unternehmen… UND ZWAR SCHNELL, ALLE!

13) Zweiter Ausbruch der Ataxie

Oktober 2017 hatte ich den psychosomatischen Aspekt der Ataxie eliminiert und bis März 2018 musste ich die Muskeln meines Körpers wieder in Schwung bringen, denn sie waren durch Nichtverwendung geschrumpft und nicht wirklich brauchbar.

April 2018 begann ich im Außendienst, um Neukunden für Bofrost/Schweiz zu werben. Ich war im Nordwesten der deutsch-sprachigen Schweiz unterwegs, die Kantone Basel-Stadt und Basel-Land ausgenommen. Ich hatte eine 50 Stunden Woche und bin jeden Tag mehrere tausend Schritte gelaufen.

Das war genau das richtige, um körperlich wieder in Schwung zu kommen und meine Muskeln zu trainieren. Ich avancierte zum drittbesten Verkäufer und habe deswegen ziemlich gut verdient – die Arbeit wurde auf Provisionsbasis bezahlt.

Doch dann, im Spätsommer 2020 konnte ich immer schlechter laufen, Steigungen musste ich vermeiden, Treppen konnte ich nur mit Gehläufen rauf und runter gehen, um mit Arm und Hand einen dritten Punkt wegen meiner schwächelnden Balance zu haben – und meine Verkäufe sanken rapide.

Leider musste ich im Oktober 2020 – nach mehr als 2 Jahren – meinem Chef sagen, dass die Ataxie mich eingeholt hat und nach einer einmonatigen Kündigungsfrist war ich weg. Für ein Jahr bekam ich Arbeitslosengeld und seither Bürgergeld, plus die Miete wird bezahlt.

Ich suchte sofort einen Neurologen auf, um zu erfahren, warum die Ataxie nach relativ langer Zeit wieder ausgebrochen ist und er sagte: „Sie haben das Gen im Körper, mit einer Genlänge von 46 Wiederholungen (Repeats), was heisst, dass es definitiv krankmachend und auch fortschreitend ist, auch wenn es ein paar Jahre inaktiv oder ruhend ist."

Sie müssen wissen, Ataxie (oder SCA1) betrifft ein DNA-Segment, das als CAG-Trinukleotid-Repeat bekannt ist. Dieses Segment besteht aus einer Reihe von drei DNA-Bausteinen (Cytosin, Adenin und Guanin = CAG), die mehrfach hintereinander vorkommen. Das CAG-Segment wird innerhalb des Gens 10 bis 35 Mal wiederholt.

Die CAG-Repeat-Verlängerung bewirkt den vermehrten Einbau von Glutamin-Resten in das Huntingtin-Protein, wodurch es zu einer Aggregation der Proteine und dadurch zu einer Störung der physiologischen Vorgänge in den Nervenzellen kommt.

Die Diagnose von SCA1 wird mittels einer heterozygoten abnormalen CAG-Expansion in dem Gen ATXN1 erstellt, die durch molekulargenetische Tests identifiziert wird. Eine Gen-Länge von 6-35 CAG-Wiederholungen ist nicht veränderlich und auch nicht krank-machend.

Eine SCA1 im Bereich von 36-44 CAG-Wiederholungen gilt als krank-machend, doch ab einer ATXN1 Gen-Länge von 36 CAG-Wiederholungen und aufwärts bewegt man sich im voll penetranten CAG-Wiederholungen Bereich – dort ist die Ataxie definitiv krankmachend und auch fortschreitend, auch nach einer Ausbruchs-Pause.

Es gibt zwei Arten von Ataxie: eine ist familiär, das ATXN1 Gen wird wieder und wieder weiter vererbt, von Generation zu Generation, und es gibt den Wildwuchs, d.h. dass aus heiterem

Himmel zu viele Wiederholungen im Ataxie-Gen herangewachsen sind, also mehr als 36 Repeats, wo es krankmachend und fortschreitend wirkt – es wird jedoch nur einmal an die nächstfolgende Generation vererbt. Der unwiderlegbare Beweis dafür ist, dass die Kinder meiner Geschwister das ATXN1 Gen nicht haben!

Jetzt wieder zu mir: Mai 2021 bekam ich einen 50 GdB Schwerbehindertenausweis, der im Sommer 2023 auf 70 GdB gestiegen ist, aber seither halte ich die Ataxie sehr erfolgreich in Schach.

14) Wie ich die Ataxie in Schach halte

Ich lebe gemäß meinen eigenen Empfehlungen: Akupunktur-Sessions, eine ausgewogene und gesunde Ernährung, extra Vitamine, Whey-Proteine und Nahrungsergänzungsmittel – und viel Bewegung in der frischen Luft!

Aber warum ist eine ausgewogene und gesunde Ernährung so wichtig?

Wegen dem pH-Wert!

Der pH-Wert ist ein Maß für den sauren oder basischen Charakter einer wässrigen Lösung - die wässrige Lösung, die sich in den verschiedenen Organen befindet und diese vor Infektionen, Reizungen, Allergien und die Haut vor Austrocknung schützen.

Die Abkürzung pH steht für Pondus Hydrogenii, was so viel bedeutet wie „Gewicht des Wasserstoffs", also die Konzentration der Wasserstoffionen in einer Lösung. Sauer ist jeder Wert unter 6 pH. Neutral ist 7 pH oder besser gesagt zwischen 6 und 8 pH angesiedelt. Jeder Wert über 7 pH bedeutet, es ist basisch oder alkalisch.

Eine ausgewogene Ernährung bedeutet, sich abwechslungsreich, vielseitig und bunt zu ernähren – somit ist diese Ernährungsweise die Basis für ein gesundes Leben und dein individuelles Wohlbefinden – es heißt auch, die Nahrungsvielfalt auszunutzen und diese in den richtigen Mengen zu verzehren.

Eine gesunde Ernährung ist eine Ernährung, die die allgemeine Gesundheit erhält oder verbessert – d.h. auch eine gesunde Ernährung versorgt den Körper mit essentiellen Nährstoffen: Flüssigkeit, Makronährstoffe wie Proteine, Mikronährstoffe wie Vitamine und ausreichend Ballaststoffe und Nahrungsenergie.

Fazit: bei einer ausgewogenen und gesunden Ernährung bewegt sich der Körper definitiv in einem basischen Milieu!

Dr. Otto Warburg, Träger des Medizinnobelpreises 1931, sagte: „Keine Krankheit kann in einem basischen Milieu existieren – nicht einmal Krebs."

Um eine ausgewogene und gesunde Ernährung zu gewährleisten, kaufe ich ausschließlich Produkte mit dem DLG-Siegel ein. DLG steht für „Deutsche Landwirtschafts-Gesellschaft" und sie ist im Fortschritt und der Nachhaltigkeit in Landwirtschaft und Lebensmittelwirtschaft tätig und gibt wesentliche Fortschrittsimpulse für die Agrar- und Ernährungsbranche.

DLG steht für „Made in Germany", was für Verlässlichkeit, Qualität, höchste Produktionsstandards und überzeugende Innovationen steht. Das Qualitätsversprechen wird weltweit von der Industrie anerkannt und genießt ein hohes Vertrauen bei Handel und Landwirten.

Mit dem Prüfzeichen „Made in Germany" garantiert die DLG die Herstellung wie auch die Fertigung der geprüften Landtechnik und Betriebsmittel in Deutschland.

Es gibt jährliche Qualtätsprüfungen in jeder Produktkategorie:

- Getränke

- Frischfleisch

- Brot, Back- und Süsswaren

- Feinkost, Essig, Öle, Fette

- Milchprodukte

- Speiseeis

- Obst und Gemüse

- Fertiggerichte

- Fisch & Seafood

Die DLG-Qualitätsprogramme fördern eine nachhaltige und zukunftsfähige Landwirtschaft und deren gesellschaftliche Akzeptanz. Das DLG-Siegel ist auch Blickfang im Regal: 70% der Verbraucher kennen die Auszeichnung „DLG prämiert" – sie ist gekoppelt an ein positives Image. 59% achten auf ein Expertensiegel beim Geschmack. 71% achten auf ein Expertensiegel für hohe Qualität. Und es gibt eine höhere Kauf- und Zahlungsbereitschaft durch „DLG prämiert".

Tiefgefrorene Lebensmittel kaufe ich ausschließlich bei Bofrost, denn diese Nahrungsmittel enthalten keine Geschmacksverstärker, keine bestrahlten Zutaten und keine künstlichen biochemischen Farbstoffe – nichts macht den Körper künstlich sauer bzw. säuerlich!

Alle Produkte sind schockgefroren, d.h. alles wurde innerhalb von 30 Minuten mit Trockenluft auf Minus 40 Grad gebracht, d.h. alle Nährstoffe, Vitamine und Proteine sind noch darin enthalten – man schmeckt das!

Und die Kühlkette wird bis zu Ihrer Haustüre nicht unterbrochen!

Falls Sie Gefallen an Bofrost bekommen haben, dann können Sie über diesen Empfehlungs-Code bei Ihrer ersten Bestellung (innerhalb Deutschlands) von mind. 45 Euro, ganze 15 Euro sparen! Empfehlungs-Code: WID-2744017 (gültig bis: unbefristet)

Wenn der Code nicht verwendet wird, entgeht Ihnen ein Rabatt von 15 Euro! Also los... überraschen Sie Ihre Freunde und Familie mit internationalen Spezialitäten von Bofrost – oder laben Sie sich an traditionellen Tiefkühlgerichten, die wie von Muttern schmecken.

Und jetzt zur frischen Luft: vom Mai bis September 2021 war ich fast jeden Tag auf meiner Parzelle, mit Wohnwagen, Hängematte, Whirlpool, in welchem man das Wasser auf 36 Grad Celsius aufwärmen kann – und dann das Blubbern einschalten.

Nichts ist angenehmer, denn auf 600 Liter Wasser (eine Füllung) löse ich 1 Kilogramm Kristallsalz darin auf, was den Körper entgiftet – man sagt auch Himalaya-Salz oder Brockensalz und manchmal auch Stein-, Königs-, Berg- oder Natursalz dazu.

Nach ein paar Runden kann man einen schwarzen Rand sehen, den muss man dann halt abwaschen – aber der gesamte Körper entgiftet sich in diesem sehr angenehmen und fast körperwarmen Salzwasser, und das ist die Hauptsache!

Dann war ich von Mai bis September 2022 war ich fast jeden Tag im Freibad in Rheinfelden, mit 5 Becken, wovon eines immer warmes Wasser hat. Mit meiner Jahreskarte war ich dort fast jeden Tag und habe mich abwechselnd gesonnt – Vitamin D auftanken – und bin geschwommen.

Schwimmen ist extrem wichtig bei einer Ataxie, denn der Auftrieb des Wassers (Buoyancy) macht den Körper leichter und das Schwimmen beansprucht die Balance nicht – man schwimmt einfach vorwärts, mindestens zwei Stunden pro Besuch im Freibad.

Währenddessen hielt ich meine ausgewogene und gesunde Ernährung bei, mit extra Vitaminen und Nahrungsergänzungsmittel, die ich bei VITALS gekauft habe. VITALS ist ein unabhängiges Unternehmen, das nicht im Besitz von großen Investment- oder Pharmaunternehmen ist.

VITALS wird von Menschen geleitet, die seit Jahrzehnten dort arbeiten und die, wie alle anderen Mitarbeiter auch, eine Leidenschaft für die Entwicklung der besten Produkte haben, die von höchster Qualität sind und über die beste wissenschaftliche Grundlage verfügen.

VITALS hat die Ambition, die wirksamsten Nahrungsergänzungsmittel zu entwickeln. Mit den am besten geeigneten Dosierungen, der besten Qualität und der höchsten Reinheit. Die Bestellung ist ganz einfach, denn Sie bekommen Rabatt für jede Bestellung, wenn Sie diesen Rabattcode verwenden: 3037931 – wenn der Code nicht verwendet wird, entgeht Ihnen ein 15% Rabatt!

Und hier sind ein paar Beispiele für korrekte Dosierungen:

VITAMIN D – tatsächlich wurde von Forschern berechnet, dass ein Erwachsener mit normalem Gewicht eine Gesamteinnahme von 5.000 IE/Tag benötigt, um einen Vitamin-D-Spiegel von 40 ng/ml zu erhalten. Für eine optimale Wirkung von Vitamin D sind diese Vitamine und Mineralstoffe als Kofaktoren wesentlich und extrem wichtig:

Magnesium: Die allgemeine Erhaltungsdosis liegt bei 200 mg Magnesium pro Tag, die allgemeine therapeutische Dosierung liegt bei 400 mg pro Tag – oder eine höhere Dosis über einen begrenzten Zeitraum nach dem Ermessen eines Arztes.

Vitamin K2: 90-180 µg pro Tag.

Zink: 15 mg Zink pro Tag.

Bor: 0,5 Milligramm pro Tag.

Vitamin A: 4000 IE pro Tag zu einer fetthaltigen Mahlzeit.

VITAMIN C - die allgemeine Erhaltungsdosis liegt bei 1-3 g pro Tag, die therapeutische Dosierung wären 3 Gramm pro Tag, auf Wunsch kann die Dosis bis zur Darmtoleranz, d. h. dem Einsetzen von Durchfall, erhöht werden. Bei einer Grippe oder Erkältung wäre die Dosis 0,5-1 Gramm pro Stunde.

Vitamin C sollte vorzugsweise in Kombination mit anderen Antioxidantien eingenommen werden. Antioxidantien haben untereinander eine starke Wechselwirkung und recyceln sich gegenseitig.

Vitamin C erhöht die Aufnahme von Eisen, Chrom, Mangan und Lutein und senkt die Ausscheidung von Folsäure – und eine hohe Dosis Vitamin C kann den Vitamin-B12-Status und den Kupferstatus negativ beeinflussen.

MAGNESIUM – die allgemeine Erhaltungsdosis liegt bei 200 mg Magnesium pro Tag, die allgemeine therapeutische Dosierung liegt bei 400 mg pro Tag – oder eine höhere Dosis über einen begrenzten Zeitraum nach dem Ermessen eines Arztes.

Magnesium kann die Aufnahme bzw. Wirksamkeit von Arzneimitteln verringern, wie z. B. Antibiotika. Eine Magnesium-Supplementierung nimmt man vorzugsweise mindestens zwei Stunden vor oder nach eventuellen Arzneimitteln ein.

Harntreibende Mittel können die Magnesiumausscheidung verringern, daher mit der Magnesium-Supplementierung vorsichtig umgehen. Magnesium kann die Wirkung von Muskelrelaxantien verstärken.

FOLSÄURE (B9) – die allgemeine Erhaltungs-Dosierung liegt bei 400-800 µg/Tag, die allgemeine therapeutische Dosierung ist 800-5000 µg/Tag – neben Folsäure muss man zusätzlich Vitamin B12 (400-1000 µg/Tag) und Vitamin B6 (20-50 mg/Tag) einnehmen.

Vorzugsweise verwendet man Folsäure in einer geringeren Dosis als der tolerierbaren Höchstaufnahmemenge von 1000 µg Folsäure pro Tag – bei der Supplementierung mit Folsäure muss der Vitamin-B12-Status gut im Auge behalten werden, vor allem bei Dosierungen oberhalb 1000 µg Folsäure pro Tag.

B-Vitamine haben untereinander starke Wechselwirkungen, man verwendet daher neben einem einzelnen, hochdosierten B-Vitamin vorzugsweise einen Vitamin-B-Komplex (oder ein Multipräparat mit B-Vitaminen).

Als nächstes nehme ich jeden Tag einen halben Teelöffel Natron mit etwas Wasser ein, morgens nach dem Aufwachen, auf nüchternen Magen. In der Medizin wirkt Natron als Antidot bei Vergiftungen mit Barbituraten, Salicylaten und trizyklischen Antidepressiva und kann bei Sodbrennen helfen.

Die bedeutendste Eigenschaft von Natron ist sein basischer pH-Wert vor 8,5. Die Substanz kann der Säure entgegenwirken und findet deshalb bei Sodbrennen und Völlegefühl Einsatz, um die überschüssige Säure zu neutralisieren. Auch Mundgeruch, Entzündungen und Cellulitis können mit Natronpulver behandelt werden.

Ich verwende dafür „lebendiges Wasser" – ja was ist das denn? Das ist mit einem BWT-Filter gefiltertes Wasser, und dann mit sogenannten Wassersteinen lebendig gemacht. Die Membran eines BWT-Filters ist sehr fein und lässt weder Viren, Bakterien, Metalle noch Mineralien durch, weswegen das Wasser mit hohem Druck durchgepresst werden muss. Das gefilterte Wasser ist dadurch sehr rein.

Der Kopp-Verlag bietet zwei verschiedene Wassersteine an. Wassersteine „Gelassenheit und innere Ruhe" für 16,80 € – enthalten sind: Magnesit, Aventurin, Bergkristall, versteinertes Holz und Rauchquarz helfen Stress abzubauen, Sorgen loszulassen und leichter in den Schlaf zu kommen und haben eine erdende Wirkung.

Oder Wassersteine „Zuversicht und Lebensfreude" für 18,80 € – enthalten sind: Bernstein, Citrin, Sonnenstein, Smaragd und Roter oder blauer Calcit und die hoch schwingenden Heilsteine dieses Sets machen einfach glücklich.

Nun wieder zu mir: vom Mai bis September 2023 war ich zwei von vier Wochen in ganz Deutschland unterwegs, mit Auto, Wohnwagen und E-Bike – und Rollator natürlich. Meine finanziellen Reserven machten den Kauf möglich.

Und meine Internet-Recherchen machten die Reise möglich, denn Dank der Mitgliedschaft bei „Landvergnügen" kann ich bei über 1500 Bauernhöfen für eine Nacht kostenlos stehen. Die Webseite von Landvergnügen erklärt alles.

Dank dieser Mitgliedschaft war ich 2023 in der Holsteinischen Schweiz am Plöner See, im Teutoburger Wald beim Wilhelms-Denkmal und den Externsteinen, auf der Burg Eltz, in der Reichsburg in Cochem, in Heidelberg, am Deutschen Eck in Koblenz, auf der Loreley, in der Wartburg, im Erzgebirge, in dem sagenhaften Rothenburg o.d. Tauber, die Walhalla bei Regensburg, natürlich auf Schloss Neuschwanstein – das ist ein Muss – mit einer Besichtigung in Hohenschwangau und viele Male am Bodensee.

Sie sollten wissen, dass ich viele Fahrten mit dem Beiblatt zum Schwerbehindertenausweis gemacht habe. Dieses Beiblatt ermöglicht es, ein Jahr kostenlos mit jedem Öffentlichen Nahverkehr (ÖV) zu fahren: gültig für alle ÖV-Busse, alle Straßenbahnen, alle Metros, alle U-Bahnen und fast alle Züge, außer ICE und IC Züge – eben ähnlich dem Deutschland-Ticket, nur viel günstiger: nur 91€ für ein Jahr!

Vom Mai bis September 2024 war ich auch zwei von vier Wochen in Deutschland unterwegs, zuerst in Magdeburg und Schwerin, dann Stralsund und Rügen, dann Lübeck und Kiel und dann wieder zurück – alles kostenlos mit dem ÖV-Beiblatt.

Dann war ich Bremen, Hamburg, Lübeck, drei Tage auf der Insel Rügen und auf der Bastei bei Dresden, im nördlichen Erzgebirge. Als ich nach vielen zick-zack-fahren in München ankam, habe ich einen Freund gefunden, der mir nicht nur von einer möglichen Stammzelltherapie sprach, sondern sie später auch finanzierte.

15) Was haben Stammzellen mit der Thymusdrüse zu tun?

Was ist der Unterschied zwischen Stammzellen und normalen Zellen? Im Gegensatz zu differenzierten Zellen sind Stammzellen noch undifferenziert. Sie haben jedoch das Potential, sich – je nach Typ von Stammzellen – zu einem, zu mehreren oder zu allen im erwachsenen Körper vorkommenden differenzierten Zelltypen zu entwickeln.

Wo befinden sich die Stammzellen im Körper? Stammzellen sind normalerweise im Knochenmark (schwammiger Kern im Knochen) für eine Zellneubildung vorhanden. Als die erst entdeckten, einzigartigen Zellen werden sie seit Jahren erfolgreich in der Klinik eingesetzt .

Am häufigsten erfolgt eine Stammzellentherapie bei Blut- und Krebserkrankungen, bei denen das Knochenmark aufgrund einer Chemotherapie geschädigt ist. Nach einer Hochdosis-Chemotherapie sind vor allem die weißen Blutkörperchen (Leukozyten) zerstört, die für die Immunabwehr zuständig sind.

Zu den am häufigsten auftretenden Nebenwirkungen zählen:

- vorübergehendes Fieber

- leichte Anämie

- Nebenwirkungen an der Injektionsstelle

- Verstopfung

- Müdigkeit und Schlaflosigkeit

Vor der stationären Aufnahme zur Stammzellentherapie sind verschiedene Voruntersuchungen erforderlich. Die Gesamtdauer eines Krankenhausaufenthaltes im beträgt in Deutschland vier bis sechs Wochen, bei einigen Patientinnen und Patienten jedoch auch deutlich länger.

Bei dieser stationären Stammzellentherapie werden dem Patienten gespendete Stammzellen übertragen - das machen wir hier nicht!

Doch wie kann man Stammzellen aktivieren? Zum Beispiel durch Sport und Tiefschlafphasen, was die Aktivität von Stammzellen erhöht und den Effekt der Regeneration maßgeblich beeinflusst. Es gibt aber auch eine biochemische Möglichkeit, die Aktivität von Stammzellen zu stimulieren und damit eine Regeneration von innen in Gang zu setzen.

Wie kann man die Stammzellenproduktion aktivieren? Eine ausgewogene Ernährung spielt eine grundlegende Rolle bei der Aktivierung von Stammzellen. Nährstoffe aus bestimmten Lebensmitteln können die Fähigkeit des Körpers zur Geweberegeneration verbessern. Grünes Blattgemüse ist beispielsweise reich an Antioxidantien, die die Zellgesundheit unterstützen.

Können Stammzellen neu gebildet werden? Stammzellen sind Vorläuferzellen hoch differenzierter Zellen. Nach einer Teilung der Stammzellen können die Tochterzellen wieder zu

Stammzellen werden (self-renewal) oder sich spezialisieren. Aufgrund der Fähigkeit zur Selbsterneuerung können Stammzellen sich prinzipiell unbegrenzt vermehren.

Achten Sie auf eine gesunde Ernährung: Verzehren Sie polyphenolreiche Lebensmittel (Beeren, Kurkuma, grüner Tee) und entzündungshemmende Lebensmittel (Tomaten, Olivenöl, grünes Blattgemüse, Nüsse wie Mandeln und Walnüsse, fetter Fisch wie Lachs), um die Stammzellenproduktion anzuregen.

Wie erfolgreich ist eine Stammzellentherapie?

In über 80 Prozent der Fälle führt sie zum Erfolg.

16) Wie werden Stammzellen „reaktiviert"?

Stammzellen sind überall im Körper zu finden. Das Besondere an Stammzellen ist, dass sie sich teilen und vervielfältigen und sich in verschiedenen Zelltypen entwickeln können. Eine Stammzelle selbst dient dem Körper in keiner Weise, kann sich aber zu einer Zelle entwickeln, die dies tut, wie etwa einer Knorpelzelle oder einer Knochenzelle.

Befürworter von Stammzellenbehandlungen gehen davon aus, dass sich Stammzellen in einer bestimmten Umgebung verändern können, um einem bestimmten Bedarf gerecht zu werden. Beispielsweise wird angenommen, dass sich Stammzellen, die in die Nähe von beschädigten Knorpel gebracht werden, zu Knorpelgewebe entwickeln.

Die Stammzelltherapie ist eine bewährte Behandlung bei schweren Erkrankungen des blutbildenden Systems (z.B. Leukämie, myelodysplastisches Syndrom, angeborene Anämien), bei Lymphomen, angeborenen Immundefekten oder bestimmten Stoffwechselerkrankungen.

Die Preise für die Stammzelltherapien schwanken meist zwischen 2.000 und 20.000 € für eine einzelne Behandlung. Allerdings werden Kunden oft aufgefordert, die Behandlung mehrmals zu wiederholen.

So viel Geld habe ich nicht, also musste etwas anderes gefunden werden, und ich bin fündig geworden: LifeWave X39™ Patches – eine besondere Art der Aktivierung von Stammzellen.

LifeWave X39™ Patches verwenden eine patentierte Lichttherapie, die extra dafür entwickelt wurde, ein Peptid zu erhöhen, das dafür bekannt ist, die Stammzellaktivität zu steigern.

Stellen Sie sich ein finanziell erschwingliches Produkt vor, das Ihre Stammzellen reaktiviert und sie in einen jüngeren, gesünderen Zustand zurückversetzt – oder sogar vor der Zeit mit Ataxie! Dies könnte Ihrem Leben völlig neuen Schwung geben.

Ich habe gelesen, neben der potenziellen Eliminierung von Ataxie, soll dieses Pflaster Energie steigern, den Schlaf verbessern, etwaige Schmerzen lindern, Falten reduzieren und die Wundheilung beschleunigen – um nur einige der Vorteile zu nennen.

Wie schon gesagt, ich wollte die Eliminierung von Ataxie! Also postulierte ich, dass meine Stammzellen den Wildwuchs des Ataxie-Gens wieder wettmachen – denn ich habe gelesen, dass dieses Pflaster speziell dafür entwickelt wurde, körpereigene Stammzellen zu reaktivieren.

Doch wie funktioniert dieses Pflaster? Ist das nicht Humbug? Scharlatanerie? Oder noch schlimmer: pure Abzocke? Nein, denn die patentierte Lichttherapie-Technologie soll die Produktion des Peptids GHK-Cu steigern – ich sagte mir: „Naja, abwarten, ich muss es selbst anwenden und dann sehen, was tatsächlich passiert."

Ich habe weiterhin gelesen, dass das Peptid GHK-Cu in natürlicher Weise in größeren Mengen im Körper vorkommt, jedoch mit zunehmendem Alter deutlich abnimmt. Ab einem Alter von 60 Jahren sinkt der GHK-Cu-Spiegel um mehr als 60 % – das ist viel und ich dachte mir: einer Versuch ist es wert!

Außerdem wird die zerebelläre Ataxie häufig durch die Degeneration von Purkinje-Zellen verursacht, großen hemmenden Neuronen in der Kleinhirnrinde, die die motorische Aktivität steuern. Neuronen sind einige der Mikrostrukturen des Gehirns, die herkömmliche MRTs nicht mit ausreichender Detailgenauigkeit darstellen können. Daher können herkömmliche MRTs die zugrunde liegenden physischen Ursachen der zerebellären Ataxie tatsächlich übersehen.

Purkinjezellen setzen hauptsächlich den Neurotransmitter GABA (Gamma-Aminobuttersäure) frei, der einige Neuronen hemmt und so die Übertragung von Nervenimpulsen verringert. Funktionsstörungen oder der Verlust der sogenannten Purkinje-Zellen führen häufig zu Gleichgewichts- und Bewegungsproblemen.

Tatsächlich scheint ein Verlust der normalen Funktion der Purkinje-Neuronen für die Entwicklung fortschreitender zerebellärer Ataxie sehr wichtig zu sein. Dieser Verlust, weil er genetisch verursacht wird, kann mit Stammzellen-Regenerierung aufgehoben werden.

Also habe ich mir Anfang Dezember 2024 die erste von drei Packungen mit 30 Pflastern (ich hatte es 3 Monate lang gemacht) gekauft und jeden Morgen ein Pflaster an genau dieser Stelle am Körper angebracht: der Klebepunkt ist zwischen den Schulterblättern, unter dem Hals — direkt auf oder unter dem C7 Halswirbel. Ich habe das Pflaster immer morgens auf der gesäuberten und trockenen Haut angebracht und abends abgenommen.

Ein LifeWave X39-Pflaster kann bis zu 12 Stunden lang auf der Haut verwendet werden, danach sollte man es abziehen und wegwerfen. Man sollte stets darauf achten, dass der Körper während der Anwendung immer ausreichend mit Wasser versorgt ist — und entfernen Sie das Pflaster sofort bei Beschwerden oder Hautreizungen.

Ein Pflaster, das einmal von der Haut entfernt wurde, darf nicht wiederverwendet werden. Es ist nur zur äußerlichen Anwendung bestimmt und darf nicht auf Wunden oder geschädigte Haut angebracht werden.

WICHTIG: die LifeWave X39-Pflaster dürfen nicht von schwangeren oder stillenden Frauen verwendet werden.

Dann habe ich diese X39-Pflaster mit Thymosin β4 gekoppelt. Denn Paul Riley vom University College London hat herausgefunden, dass Stammzellen durch einen Botenstoff namens Thymosin β4 aktiviert werden und sagte: „Entscheidend ist, dass Thymosin β4 diese Zellen zurückversetzt in einen Zustand ähnlich wie in der Embryonalentwicklung. "Sie können dann alle benötigten Zellen bilden."

Thymosin-β4 ist ein wichtiger Zellbestandteil in vielen Geweben und besteht (beim Menschen) aus 43 Aminosäuren. Dieses Gen kodiert ein aktin-bindendes Protein, das eine Rolle bei der Regulierung der Aktinpolymerisation spielt.

Aktin-Polymerisation ist ein biologischer Prozess, bei dem Aktin-Monomere zu langen, filamentösen Ketten polymerisieren, die als Aktinfilamente bekannt sind. Diese Filamente sind entscheidend für die Zellbewegung, -teilung und -struktur, da sie das Zytoskelett der Zelle formen und stabilisieren.

Thymosin-β4 ist auch an der Zellproliferation, -migration und -differenzierung beteiligt. Dieses Gen entgeht der X-Inaktivierung und hat ein Homolog auf Chromosom Y, das verantwortlich für die Ausbildung der männlichen Geschlechtsmerkmale ist, da es im Gegensatz zum X-

Chromosom Gene besitzt, deren Genprodukte (= Proteine) für die Ausbildung und Reifung der Hoden bzw. Spermien verantwortlich sind.

Zusätzlich zu seiner intrazellulären Rolle als wichtigstes Aktin-bindendes Molekül in Zellen vieler mehrzelliger Tiere (wie auch der Mensch), zeigt Thymosin-β4 ein bemerkenswert vielfältiges Wirkungsspektrum, wenn es in der Flüssigkeit vorhanden ist, die tierische Gewebezellen umgibt. Zusammengenommen legen diese Effekte nahe, dass Thymosin eine allgemeine Rolle bei der Geweberegeneration spielt.

Arbeiten mit Zellkulturen haben gezeigt, dass die Verabreichung von Thymosin β4 die Migration von Zellen, die Bildung von Blutgefäßen, die Reifung von Stammzellen, das Überleben verschiedener Zelltypen und die Verringerung der Produktion entzündungsfördernder Zytokine fördern kann.

Diese vielfältigen Eigenschaften haben den Anstoß für eine weltweite Reihe laufender klinischer Studien zur potenziellen Wirksamkeit von Thymosin β4 bei der Förderung der Heilung von Wunden in Haut, Hornhaut und Herz gegeben.

Aber, wie alle Arzneimittel für Gesundheit, die gegen Erkältung und Grippe wirken oder für die Immunstärkung gut ist, sind es Nahrungsergänzungsmittel - und sie sind kein Ersatz für eine ausgewogene und abwechslungsreiche Ernährung und eine gesunde Lebensweise.

Thymus-Köhler Tabletten enthalten Thymus-Peptide, also bestimmte Bestandteile der Thymusdrüse. Dieses Organ ist von entscheidender Bedeutung für das Immunsystem, weil es ganz bestimmte Körperzellen zu hoch spezialisierten Abwehrzellen "ausbildet". Die Thymusdrüse bildet sich im Erwachsenenalter stetig zurück und verliert so an Leistungskraft.

Neben Thymus-Extrakten enthält Thymus-Köhler noch zwei weitere abwehrstärkende Stoffklassen. Zum einen die Spurenelemente Zink und Selen für eine gesunde Immunfunktion, einen normalen Säure- Basen-Haushalt sowie den Schutz der Zellen gegen oxidativen Stress.

Zusätzlich schützt Selen Zellen vor oxidativem Stress, Vitamine C und D3 vermindern Müdigkeit und unterstützen das Immunsystem bei Entzündungen und Zink normalisiert den Säure-Basen-Haushalt und stärkt das Immunsystem.

Und Vitamin C, das zur Verminderung von Müdigkeit und Erschöpfung beiträgt, sowie Vitamin D3 zur Unterstützung des Körpers bei Entzündungsreaktionen.

Zutaten: Thymus-Extrakt, Füllstoff Cellulose, Calciumascorbat, Gelatine (Kapselhülle), Zinkcitrat, Trennmittel Magnesiumsalze von Speisefettsäuren, Cholecalciferol (Vitamin D3), Trennmittel Siliciumdioxid, Farbstoff Titandioxid (Kapselfarbe), Natriumselenat.

Die Verzehrempfehlung ist 1-3 mal täglich eine Kapsel mit genügend Flüssigkeit schlucken, vorzugsweise zu den Mahlzeiten. Die angegebene empfohlene tägliche Verzehrmenge darf man nicht überschreiten und sie müssen außerhalb der Reichweite von kleinen Kindern aufbewahrt werden.

Nur durch die Kombination dieser vier Faktoren, der LifeWave X39™ Patches, dem täglichen Einnehmen der Thymusextrakt Kapseln, einer gesunden Ernährung, die den Körper basisch macht und auch hält, plus dem regelmässigem Besuch bei einem Heilpraktiker wegen dem Bioresonanztest, kann man die Ataxie in Schach halten bzw. lindern.

Ich lebe nach dem, was ich sage, behaupte und schreibe. Ich lege die Plaster auf, nehme die Kapseln ein, ernähre mich gesund und lasse regelmäßig einen Bioresonanztest mit mir durchführen, so dass ich genau weiss, welche Organe basisch und welche sauer sind.

Deswegen bin ich körperlich extrem gesund, ich habe ich einen sehr guten Stoffwechsel, extrovertiere jeden Tag - bin täglich 2-4 Stunden draußen an der frischen Luft...

...und ich fühle mich körperlich extrem neutral!

17) Leben nach der Reaktivierung meiner Stammzellen

Sich 'neutral' zu fühlen, ist das, worauf ich hinaus will.

Ich meine nicht die soziale Neutralität, eine unparteiische Haltung im Konfliktfall zu haben, nein, ich meine die körperliche Neutralität, ungeladen und ausgewogen zu sein - denn das bin ich bzw. das wurde ich, durch meine eigenen Tipps, die ich hier auf diesen paar Seiten aufgelistet habe.

Als selbstgemachter Experte auf dem Gebiet der körperlichen Gesundheit - und der darauf folgenden körperlichen Neutralität - habe ich immer wieder festgestellt, dass sehr viele Menschen am Thema „Gesundheit" kläglich scheitern — und sich deswegen NICHT mehr an das Wissen von Gesundheitsgrundlagen ran trauen!

Doch Fakt ist, wenn Sie das Wissen und die Techniken von Gesundheitsgrundlagen NICHT kennen, dann führt es dazu, dass Sie entweder stets mit offenen Fragen herumlaufen oder noch schlimmer: um zu Gesunden, kostbare Zeit und viel Geld verbrennen.

Nicht hier, denn jetzt stelle ich Ihnen meine Gesundheits-Akademie vor, ich nenne sie "Das gesunde Volk" und hier ist der Link: https://www.dasgesundevolk.eu

Mittels dieser Webseite erkläre ich Ihnen durch 50 eigens gemachte und frei verfügbare Videos, welches Vitamin, Mineral, Heilpilz oder Heilpflanze mit oder ohne etwas anderes eingenommen wird, um welche Uhrzeit — also Vormittags, Nachmittags oder vor dem Schlafen gehen — und womit, d.h. mit Fetten, vor oder nach dem Essen oder mit einem Glas Wasser.

Ein weiteres zum Thema, um absolute körperliche Neutralität zu erhalten, ist ein gesunder Stoffwechsel. Wie funktioniert er? Ein allgemeines Basiswissen über den Stoffwechsel führt KEINE gute Gesundheit herbei — dafür brauchen Sie ein größeres Verständnis darin, wie Ihr Körper funktioniert. Das wird in meiner Gesundheits-Akademie, genannt "Das gesunde Volk", genauestens erklärt.

Sie werden die verschiedenen Cofaktoren kennenlernen. Sie werden die verschiedenen Enzyme und Coenzyme kennenlernen und lernen, sie zu unterscheiden. Sie werden lernen, wie Enzyme aktiviert werden, wie viele Glieder es in der Stoffwechselkette gibt, wie sie funktioniert und welche Bedeutung die verschiedenen Nährstoffe haben.

Wenn Sie verstehen, welche Rolle diese Elemente in Ihrem Körper spielen und wie die verschiedenen Prozesse der Verstoffwechslung funktionieren, können Sie eine optimale Gesundheit erreichen und auch behalten!

Wie oben beschrieben, führe ich eine unabhängige Selbstmedikation durch, um eine körperliche Neutralität zu erhalten. Die unabhängige Selbstmedikation ist eine autonome Einnahme von Vitalstoffen und Nahrungsergänzungsmitteln über einen bestimmten Zeitraum - ich mache es schon seit Jahren sehr erfolgreich!

Und ganz zum Schluss gebe ich In zwei meiner Videos eine detaillierte Einführung in den von mir so hoch gelobten Bioresonanz-Test - zuerst was er ist, dann die Diagnose mittels dem

Bioresonanz-Gerät, die Durchführung durch einen Heilpraktiker plus die verschiedenen Einsatzgebiete. Und natürlich die darauf folgende Therapie und das allgemeine Ziel.

Wenn Sie mehr über die Themen strahlende Gesundheit, gesunder Stoffwechsel und unabhängige Selbstmedikation erfahren wollen, dann besuchen Sie diese Webseite: https://www.dasgesundevolk.eu

Wenn Sie dieses Buch hier weiterempfehlen wollen: s://ataxie-heilbar.de https://ataxie-heilbar.de

Vielen Dank für Ihr Interesse und Ihre Aufmerksamkeit!

Volker Meyer

PS: Bei etwaigen Fragen kontaktieren Sie mich per E-Mail: volker@ataxie-heilbar.de – ich freue mich auf Ihre Rückmeldung und antworte sofort!